O ESTUDO SOCIAL EM PERÍCIAS, LAUDOS E PARECERES TÉCNICOS

debates atuais no Judiciário, no Penitenciário e na Previdência Social

Livro organizado pelo Conselho Federal de Serviço Social (CFESS) por meio da Comissão de Ética e Direitos Humanos (CEDH/CFESS), composta pelas/os seguintes conselheiras/os: Marylucia Mesquita (coordenadora), Alcinélia Moreira de Sousa, Maria Elisa dos Santos Braga, Maurílio Castro de Matos e Sâmya Rodrigues Ramos

Dados Internacionais de Catalogação na Publicação (CIP)
(Câmara Brasileira do Livro, SP, Brasil)

O Estudo social em perícias, laudos e pareceres técnicos : debates atuais no judiciário, no penitenciário e na previdência social / Conselho Federal de Serviço Social - CFESS, org. -- 11. ed. -- São Paulo : Cortez, 2014.

Vários autores.
ISBN 978-85-249-2194-0

1. Estudo social 2. Laudos periciais 3. Pareceres jurídicos 4. Perícias I. Conselho Federal de Serviço Social - CFESS. II. Título: Debates atuais no judiciário, no penitenciário e na previdência social.

14-03237 CDD-361.32

Índices para catálogo sistemático:

1. Estudo social : Laudos, pareceres e perícias : Serviço social 361.32

Conselho Federal de Serviço Social - **CFESS**
(Org.)

O ESTUDO SOCIAL EM PERÍCIAS, LAUDOS E PARECERES TÉCNICOS

debates atuais no Judiciário, no Penitenciário e na Previdência Social

11ª edição
7ª reimpressão

CORTEZ EDITORA

CFESS
CONSELHO FEDERAL DE SERVIÇO SOCIAL

O ESTUDO SOCIAL EM PERÍCIAS, LAUDOS E PARECERES TÉCNICOS. Debates atuais no Judiciário, no Penitenciário e na Previdência Social
CFESS (Org.)

Capa: de Sign Arte Visual
Secretaria editorial: Priscila F. Augusto
Preparação de originais: Solange Martins
Revisão: Maria de Lourdes de Almeida
Composição: Linea Editora Ltda.
Coordenação editorial: Danilo A. Q. Morales

Direitos para esta edição
CORTEZ EDITORA
Rua Monte Alegre, 1074 – Perdizes
05014-001 – São Paulo – SP
Tel.: (11) 3864-0111 Fax: (11) 3864-4290
e-mail: cortez@cortezeditora.com.br
www.cortezeditora.com.br

Impresso no Brasil – maio de 2023

Sumário

Apresentação

A realização de estudo social para emissão de pareceres sociais, laudos sociais e perícias técnicas é reconhecida como uma atribuição privativa dos/as assistentes sociais, e como tal necessita de debates sobre suas implicações éticas, seus fundamentos teóricos e seus encaminhamentos técnico-operativos. A obra que a Cortez e o Conselho Federal de Serviço Social (CFESS), na condição de organizador, ora (re)apresentam vem cumprindo esse papel desde a sua primeira edição e agora em uma edição revisada e atualizada pelas autoras. Os textos possuem conteúdos que reafirmam a atual direção ético-política hegemônica no Serviço Social e oferecem elementos problematizadores e orientadores para o exercício profissional. Por isso, o CFESS destaca a relevância desta iniciativa da Cortez em atualizar a publicação.

O texto de Eunice Fávero — O Estudo social — fundamentos e particularidades de sua construção na Área Judiciária — ao realizar análise do estudo social no sociojurídico, destaca-o em um dos primeiros espaços do trabalho profissional, em especial no poder judiciário. Aponta e problematiza a complexidade que envolve a temática com destaque para as exigências profissionais ao atuar com as expressões da questão social e o que representa esta atuação no Poder Judiciário. O texto tornou-se importante referência para o trabalho cotidiano, para a formação do/a assistente social e para os/as que desejam conhecer a utilização do estudo social no sociojurídico. A edição atual traz a mesma consistência intelectual anterior e a autora atualiza considerações e normatizações, a exemplo das resoluções do CFESS pertinentes ao tema. O texto Parecer Social — um instrumento de viabilização de direitos. (Relato de uma experiência), das autoras *Marinete Cordeiro Moreira* e *Raquel Ferreira Crespo de Alvarenga*, traz na sua versão ampliada e atualizada, maior detalhamento nas situações em que se utiliza o parecer social no campo previdenciário, em especial, para os usuários pertencentes ao Regime Geral de Previdência Social (RGPS), cujo órgão operacionalizador é o Instituto Nacional de Seguro Social (INSS). As autoras sinalizam para os impactos que a contrarreforma da previdência social, com a prevalência da ótica do seguro, trouxeram na utilização deste importante recurso, caracterizando restrição nas suas solicitações pelos gestores. Aponta também algumas possibilidades de ampliação de seu uso em consonância com a defesa de direitos e com as diretrizes do projeto ético político. Ressaltam a importância de os profissionais estarem atentos a sua utilização, traçando estratégias coletivas que possam potencializar esta ação. Por fim, tem-se o texto O exame criminológico no atual contexto do sistema prisional, cujas autoras — *Márcia Badaró, Nádia Degrazia Ribeiro, Newvone Ferreira da Costa, Maria Márcia Badaró Bandeira* e *Tânia Maria Dahmer Pereira* — abordam umas das requisições que envolvem o estudo social que na atualidade requer uma problematização referente à garantia de direitos *versus* a participação do/a assistente social. As autoras traçam considerações sobre a elaboração do exame criminológico à luz de problematizações macroestruturais, que envolvem a discussão sobre a criminalização da pobreza e sobre o papel do Estado, e mais particularmente do sistema prisional; sobre a política penitenciária no Brasil e sobre o trabalho de profissionais e sua participação no chamado Exame Criminológico, incluindo-se o/a assistente social, diante das exigências éticas, teóricas e técnicas presentes na atualidade.

As autoras problematizam o debate existente sobre o tema, apresentando posições e questionamentos realizados tanto pelos/as profissionais da psicologia quanto do serviço social, sobre o que está previsto nos dispositivos legais, a exemplo da Lei de Execuções Penais, apontando para a realização de constatação de condições pessoais dos presos que possam presumir a não reinserção dos mesmos que estão em liberdade condicional. Tal normatização fere direitos humanos fundamentais e traz para a equipe técnica demandas numa perspectiva oposta aos preceitos e as diretrizes profissionais.

O exame criminológico tem sido objeto de reflexão pelo conjunto CFESS/CRESS, com destaque os debates realizados no Rio de Janeiro e em São Paulo, e um dos principais pontos em questão é sobre a pertinência ou não da participação do assistente social na sua elaboração e a defesa ou não de sua própria existência, considerando os objetivos envolvidos e as demandas apresentadas pelas instâncias do Sistema de Justiça competentes e os atos normativos em vigor. O 42º Encontro Nacional do conjunto CFESS/CRESS, realizado em setembro de 2013, aprovou como deliberação do eixo Ética e Direitos Humanos a intensificação do debate pelo Conjunto. O Exame também é um dos temas presentes no debate no interior do Grupo de Trabalho, composto pelo CFESS e um

CRESS de cada região do país, responsável pela elaboração de subsídios para reflexão sobre a atuação profissional no sociojurídico. Por isso, é muito pertinente o que se apresenta neste livro acerca do exame criminológico com importantes contribuições para o debate de uma questão que encerra polêmicas no interior da profissão.

No contexto atual das políticas sociais, observa-se uma tendência de que algumas demandas institucionais requisitem o estudo social como uma "peça" burocrática, e não como resultado de uma ação profissional refletida e cujos resultados são assumidos com autonomia, e responsabilidade, profissional. Atribuições profissionais precisam ser preservadas e o estudo social não pode ser banalizado e entendido apenas como uma sumarização burocrática de situações e problemas, que muitas vezes já vêm definidas pela requisição institucional. O CFESS e os CRESS têm acompanhado e orientado os/as profissionais sobre as requisições vinculadas a situações que envolvem concessão de benefícios e inserção em programas sociais, pois há um o aumento dessa demanda em diferentes áreas e políticas sociais, com destaque para a assistência social, especialmente demandada pelo poder judiciário. Na previdência social, o CFESS acompanha toda a luta dos/as assistentes sociais na defesa do serviço social como direito da população, o que envolve ampliação de quadro de profissionais, o respeito a atribuições privativas e competências profissionais e a retomada, em sua plenitude, da utilização dos instrumentos e recursos técnicos. Na saúde, especialmente na saúde mental, a realização de avaliações sociais e a participação do/a assistente social nos projetos terapêuticos demandam a reafirmação do estudo social como atribuição privativa, ainda que sua importância também se explicite na socialização de pareceres sociais que facilitem o conhecimento da equipe multiprofissional.

Registra-se, ainda que o CFESS tem se posicionado publicamente sobre várias questões que se relacionam com os temas tratados neste livro. Junto a órgãos do Sistema de Justiça, o Conselho Federal tem feito incidência para a defesa da realização de concurso público, tendo em vista o compromisso com a qualidade do trabalho profissional para a garantia de direitos, cujo exemplo mais recente foi o documento ao Conselho Nacional de Justiça (CNJ) destacando a importância e necessidade de ampliação de profissionais concursados no sociojurídico. Do mesmo modo, tem feito parte de nossa agenda de luta e trabalho o enfrentamento dos desafios contemporâneos e a defesa de posicionamentos ético-políticos, sobretudo diante de políticas públicas, instituições e espaços sócio-ocupacionais, que colocam os profissionais diante de situações profundamente exigentes da defesa dos direitos humanos, a exemplo do encarceramento exacerbado, da tortura, da negligência, das internações compulsórias, dos maus-tratos, da violência, expressões que evidenciam a intensa disputa na sociedade de concepções e práticas profissionais e sociais.

Nesta perspectiva, o CFESS emitiu pronunciamentos e elaborou documentos, como a atualização de brochura referente as atribuições e competências profissionais, aprovação de parecer jurídico referente a elaboração de parecer social por assistentes sociais que atuam na política de assistência social por solicitação do poder judiciário e a publicação de atos normativos que tratam de questões pertinentes ao tema. Destacam-se a publicação da

Resolução n. 557/2009 que dispõe sobre a emissão de pareceres, laudos, opiniões técnicas conjuntos entre o assistente social e outros profissionais e Resolução n. 559/2009 que dispõe sobre a atuação do assistente social, inclusive na qualidade de perito judicial ou assistente técnico, quando convocado a prestar depoimento como testemunha, pela autoridade competente. As resoluções compõem os anexos desta obra.

Assim, desde a publicação da primeira edição deste livro, o Conjunto CFESS-CRESS tem assumido várias iniciativas relacionadas ao estudo social, sempre com a preocupação de afirmá-lo como atribuição privativa de assistentes sociais. Esta nova edição consolida também um investimento no aprimoramento profissional na perspectiva da educação permanente, compromisso que temos com a qualidade do exercício da profissão na garantia do atendimento às necessidades e interesses dos/as trabalhadores/as. Por fim, esta publicação contribui para fortalecer um dos princípios fundamentais do Código de Ética do/a Assistente Social, pois reafirma o compromisso com a qualidade dos serviços prestados à população e com o aprimoramento intelectual, na perspectiva da competência profissional.

Comissão de Fiscalização e Orientação — COFI do CFESS

1

O Estudo Social

Fundamentos e particularidades de sua construção na Área Judiciária*

Eunice Teresinha Fávero**

---

* Parte deste estudo foi apresentada no evento promovido pelo CRESS 7ª Região (RJ), em comemoração ao dia do assistente social: "O Compromisso Ético Político na Elaboração do Estudo Social: Para Além da Dimensão Técnica" — 9 de maio de 2003. Esta versão foi atualizada, incorporando alguns aspectos de estudos mais recentes desenvolvidos pela autora.

** Mestre e doutora em Serviço Social pela PUC-SP. Docente e pesquisadora do Mestrado em Políticas Sociais — Universidade Cruzeiro do Sul/SP. Coordenadora de pesquisas e autora de publicações da Área Sociojurídica. Assistente social no Tribunal de Justiça de São Paulo de 1985 a 2012. Membro da Diretoria Executiva da Associação dos Assistentes Sociais e Psicólogos do TJSP — gestões 2001-2005 e 2009-2011.

Parte I

1. Introdução

Estudo social. Como podemos concebê-lo? Por que, para que e como construí-lo? Em que campos e situações pode ser aplicado? Quais os fundamentos teórico-metodológicos que o embasam? Que implicações ético-políticas se fazem presentes na sua construção? O que a perícia social, o laudo social e o parecer social têm que ver com este estudo? Em que consiste, afinal, este meio de trabalho, enquanto especificidade do Serviço Social?

O estudo social, tão presente no cotidiano da intervenção ao longo do processo histórico do Serviço Social, em especial no campo sociojurídico,[1] parece ter sido redescoberto, nos últimos

1. Campo sociojurídico tem sido identificado como o conjunto de áreas em que a ação do Serviço Social articula-se a ações de natureza jurídica, como o sistema judiciário, o sistema penitenciário, o sistema de segurança, o Ministério Público, a Defensoria Pública, os sistemas de proteção e de medidas socioeducativas de crianças e adolescentes, dentre outros. O termo sociojurídico, enquanto síntese destas áreas, foi disseminado no meio profissional do Serviço Social, em especial com a sua escolha como tema central da revista *Serviço Social & Sociedade* n. 67 (Cortez Editora), pelo comitê que a organizou, tendo sido incorporado, a seguir, como uma das sessões temáticas do X CBAS — Congresso Brasileiro de Assistentes Sociais/2001, e objeto de debates em dois encontros nacionais promovidos pelo conjunto CFESS/CRESS, o

tempos, como objeto de investigação sistemática, questionamentos, polêmicas e debates. Tal redescoberta não se faz de forma casual, mas é parte de um movimento de sistematização e aprimoramento de meios para a intervenção, com vistas à materialização do projeto ético-político da profissão. Projeto que se coloca na direção do enfrentamento das expressões da questão social com as quais o assistente social se depara no dia a dia de suas atividades, em especial aquelas que envolvem particularidades do exercício profissional no campo ora em foco.

Ainda que o meio sociojurídico, em especial o judiciário, tenha sido um dos primeiros espaços de trabalho do assistente social,[2] só nos anos recentes é que particularidades do fazer profissional nesse campo[3] passaram a vir a público como objeto de preocupação investigativa. Tal fato se dá por um conjunto de razões, das quais se destacam: a ampliação significativa de demanda de atendimento e de profissionais para a área, sobretudo após a promulgação do ECA — Estatuto da Criança e do Adolescente, novas legislações relacionadas ao Direito de Família e Direito Penal e algumas outras legislações sociais; a valorização da pesquisa dos componentes dessa realidade de trabalho, inclusive pelos próprios profissionais que estão na intervenção direta; e, em consequência,

primeiro em Curitiba/PR (2004) e o segundo em Campo Grande/MT (2009). No ano de 2013, a denominação "área sociojurídica" foi defendida por Elisabete Borgianni, como mais apropriada para essa denominação (ver Borgianni, 2013).

2. A primeira assistente social a obter um emprego, no campo da intervenção direta, foi no Judiciário paulista, no início dos anos 1940.

3. Neste texto será mantida a denominação "campo sociojurídico", de acordo com a versão original, tendo em vista que esta atualização ocorre em momento anterior à divulgação de documento em construção pelo conjunto CFESS/CRESS, sobre as atribuições do assistente social, o qual possivelmente tratará dessa denominação.

um maior conhecimento crítico e valorização, no meio profissional, de um campo de intervenção historicamente visto como espaço tão somente para ações disciplinadoras e de controle social,[4] no âmbito da regulação caso a caso. Alia-se a isso o compromisso de parcela significativa da categoria com ações na direção do acesso, ampliação e garantia de direitos, e na provocação de alterações nas práticas sociais. Além dessas razões, há o crescimento do debate público a respeito do sistema penitenciário, do sistema judiciário e do complexo de organizações que têm suas ações voltadas para o atendimento de situações permeadas pela violência social e interpessoal — cada vez mais presentes no cotidiano de trabalho do assistente social. Permeando todos estes aspectos, situam-se os processos de criminalização e de judicialização de expressões da questão social, que vêm se acentuando na realidade social, nos últimos anos.

Para tratar da temática *estudo social*, serão sinalizados alguns pontos, questões e polêmicas, os quais, ainda que se façam presentes nos diversos espaços de trabalho do campo sociojurídico, terão aqui uma perspectiva mais próxima ao Serviço Social no âmbito do sistema judiciário. Ou seja, pensaremos o estudo social a partir da ocupação, pelo assistente social, de um espaço de trabalho vinculado ao Poder Judiciário — um Poder de Estado que, enquanto responsável pela aplicação das leis e distribuição da justiça, tem sido visto, tradicionalmente, como se estivesse num patamar superior ou à parte dos demais poderes, o que, via de regra, se reproduz em diversas instâncias de ações no seu interior.

4. No sentido de regulação política, de controle das tensões sociais provocadas pelas relações de exploração capitalista (ver Faleiros, 1985).

Para o propósito deste texto, iniciamos o desenvolvimento de nosso pensamento, numa primeira parte, tecendo considerações a respeito das expressões da questão social nesse campo de trabalho. Em seguida, são recuperadas algumas marcas históricas da construção teórica/operativa do estudo social, de forma que se identifiquem traços de sua influência no presente; finalmente, busca-se a reflexão a respeito de como se apresenta o estudo social na contemporaneidade, a partir da necessária articulação com o projeto ético-político profissional do Serviço Social. Numa segunda parte, são sintetizadas algumas diretrizes a respeito do estudo social, perícia social e formas de registro, bem como são indicados textos com conteúdos afins.

Pode-se firmar que o processo de sistematização de conhecimento a respeito dessa realidade — sobre seu objeto, objetivos, instrumentos etc. — principalmente no que se refere ao sistema judiciário, ainda é inicial — embora venha se ampliando nos anos recentes. Constata-se tal fato mesmo considerando que a Justiça da Infância e Juventude, por exemplo, tenha sido uma das primeiras áreas de trabalho do assistente social, e que profissionais que atuam em outros espaços institucionais, que integram o denominado campo sociojurídico, relacionam-se no dia a dia com essa área, como os que trabalham em unidades de acolhimento institucional de crianças, unidades de internação de adolescentes em conflito com a lei, Ministério Público, Defensoria Pública, sistema penitenciário (sobretudo quando envolve mães ou pais em cumprimento de pena privativa de liberdade).

Neste âmbito, muitas questões devem ser consideradas, como, por exemplo, refletir se o assistente social deve atuar apenas como perito, ou se sua intervenção deve ter uma dimensão mais ampla, articulada à rede socioassistencial, sobretudo junto à infância e à juventude, conforme o próprio ECA dispõe. Se atuará como perito tão somente nas Varas da Família e Varas Cíveis ou se terá uma atuação mais abrangente junto à Justiça da Infância e da Juventude.

Afinal, o que é ser perito? O que é desenvolver uma ação mais ampla, para além da perícia? Os profissionais da área têm refletido a respeito dessas questões? Se existe esta reflexão, consideram como fundamentos essenciais os princípios e diretrizes teórico-metodológicos e ético-políticos norteadores do projeto da profissão? Temos que indagar se estes profissionais estão buscando sistematizar conhecimentos acerca das dimensões da realidade social que se fazem presentes no cotidiano de trabalho — às quais têm acesso amplo e possibilidades de contribuir competentemente para provocar alterações na realidade — da prática e dos sujeitos.

Os assistentes sociais têm consciência do saber que acumulam e do seu uso enquanto saber-poder? É importante compreender se se trata de um saber fundamentado histórica e teoricamente ou reduzido ao senso comum; se as ações têm sido direcionadas com base no compromisso com o acesso, ampliação e garantia de direitos.

Os profissionais da área de Serviço Social devem questionar se o trabalho apenas como peritos não leva ao risco maior e mais fácil da fragmentação das suas ações e da terceirização e consequente precarização desses serviços, enquanto parte do projeto neoliberal de um Estado mínimo. O trabalho mais articulado com políticas e projetos sociais, por sua vez, pode confundir-se ou sobrepor-se a ações de responsabilidade do Poder Executivo? Como se constitui o projeto de trabalho nesta direção? A bárbara realidade social na qual vivemos permite aos profissionais o trabalho tão somente como peritos, sem envolvimento como parceiros em ações coletivas de caráter inovador, criativo e transformador? Questionamos qual é o papel do assistente social nesse campo, e o que isso tudo tem que ver com o estudo social. Como podemos conceituar tal estudo, por que, para que e como ele deve ser constituído são indagações centrais a serem feitas e para as quais faz-se necessária a busca de respostas, em conexão com a direção social do projeto da profissão na contemporaneidade.

Não será possível responder a todas estas questões no espaço limitado deste estudo. Contudo, para respaldar o pensamento acerca da diversidade de indagações que perpassam esse complexo e amplo tema, torna-se necessário mapear, ainda que brevemente, algumas particularidades das ações a ele relacionadas, em especial aquelas que se processam no âmbito da Justiça da Infância e da Juventude e da Família e Sucessões.[5]

2. Intervenção judiciária e questão social

No Estado de São Paulo, tomado aqui como base de referência, as ações judiciais, que tramitam nas instâncias da Justiça da

5. Principais áreas no interior do Judiciário estadual, a demandar o trabalho do assistente social.

Infância e da Juventude e da Justiça da Família e das Sucessões, têm alcançado números bastante elevados, contribuindo cotidianamente para a garantia de direitos, objetivo maior da intervenção judicial, ou para o controle e disciplinamento de comportamentos, de forma que se amenize ou adie a explosão de situações de violência — interpessoais e sociais.

Na cidade de São Paulo estão instaladas algumas Varas Especiais, que atendem apenas jovens em conflito com a lei. Os profissionais de Serviço Social que atuam nestas Varas realizam o estudo social a respeito destes jovens, com vistas a subsidiar o magistrado no que se refere, sobretudo, à aplicação de medidas socioeducativas previstas no ECA. Existem outras onze Varas da Infância e da Juventude espalhadas nas diversas regiões da cidade, que atendem todas as medidas previstas no ECA, exceto aquelas que dizem respeito ao adolescente em conflito com a lei. Nos vários Fóruns da capital, estão instaladas ainda dezenas de Varas da Família e das Sucessões.

Toda esta estrutura significa uma enorme demanda para a intervenção do assistente social, na medida em que a grande maioria das situações é por ele atendida, no plantão, na realização de estudo social — com apresentação de relatórios, laudos, pareceres —, e em acompanhamento de situações cuja intervenção profissional (por parte do assistente social e/ou do psicólogo) é considerada necessária.

Pesquisas realizadas sobre a realidade social da população atendida nas VIJs,[6] uma delas visando conhecer as condições

6. Ver Fávero, 2001 e 2007, e Fávero et al., 2000.

socioeconômicas de mães e pais que perderam o poder familiar[7] na comarca de São Paulo, e outra analisando a pobreza como condicionante dessa medida, trouxeram à tona exemplos significativos desses elevados números: nas onze Varas da Infância e da Juventude da capital, que aplicam medidas protetivas, 406 mães e pais passaram pelo atendimento judicial, perdendo o poder familiar sobre os filhos, em apenas quatro meses do ano de 1999. No mesmo ano e período, ocorreram 555 adoções. Sem contar as situações de acolhimento institucional, tutela, e demais medidas protetivas e socioeducativas que em muito avolumam esses serviços. No Estado de São Paulo, 1.646.963 ações judiciais referentes à infância e à juventude estavam em andamento, sendo que outras 194.859 tiveram início naquele ano. Destas, 4.759 tratavam de adoções. Nos anos de 2012 e 2013, outra pesquisa com foco na realidade de mães e pais que perderam o poder familiar — esta tomando como base sentenças judiciais do segundo semestre do ano de 2010, em seis das onze VIJs da capital — analisou 96 autos processuais relacionados a pais e mães destituídos do poder familiar. Número proporcionalmente inferior ao analisado na pesquisa anterior, todavia, reveladores de que grande parte dessas mães e pais vivenciava condições sociais mais agravadas, como vivência em situação de rua aliada à dependência de *crack* e de outras drogas, problemas de saúde física e mental e ausência de acesso à proteção social, além de vários deles em cumprimento de pena de prisão. Realidade que evidenciou a verdadeira barbárie social que avança sobre segmentos da população, no interior de processos de mercantili-

7. Com a entrada em vigor de novo Código Civil, em 2003, a denominação "poder familiar" substitui "pátrio poder", anteriormente utilizada.

zação da vida social e de descarte dos que não são considerados úteis ao mercado de consumo (Fávero, 2013).

O Estatuto da Criança e do Adolescente universalizou o discurso legal, dispondo sobre a proteção integral a todas as crianças e adolescentes (art. 1º), vedando, portanto, a discriminação pelas condições de pobreza, como sugeriam os Códigos de Menores (de 1927 e de 1979), que eram dirigidos, prioritariamente, à criança e ao adolescente pobres. Contudo, após decorridos quase 23 anos de sua promulgação, a grande maioria do contingente populacional que demanda os serviços judiciários na área da infância e da juventude é aquele de baixa ou de nenhuma renda, o que vem sendo acentuado nos últimos anos também nas Varas da Família e das Sucessões. Uma parcela da sociedade composta por uma população que sobrevive com dificuldades no que se refere ao suprimento de necessidades básicas como alimentação, habitação, saúde, educação, lazer, segurança, em sua maioria sem nenhum acesso a programas de proteção social.

Ao recolherem informações a respeito das condições de vida dos sujeitos que perderam o poder familiar sobre algum filho, as pesquisas citadas, divulgadas em 2000, 2001 e 2007 obtiveram resultados tais como: a maioria das mães e pais estava desempregada ou subempregada; aproximadamente 50% não tinham nenhuma renda, e grande parte era analfabeta ou semialfabetizada. Enfim, o conjunto das informações revelou que a quase totalidade desse segmento era constituída por sujeitos que, em geral, nunca foram incluídos nem mesmo entre aqueles que acessam minimamente aos bens sociais, ou foram excluídos socialmente ao longo de suas trajetórias de vida, em decorrência da perda do trabalho e da consequente impossibilidade de acesso a outros bens sociais. Realidade esta que permeava a vida de todos, independentemente do envolvimento em ações judiciais pelo fato de a criança estar em risco social ou ter sido vitimizada ou abandonada. Com relação ao Rio de Janeiro, um estudo divulgado em 2002, realizado com 396 famílias que tinham entre seus membros algum jovem em conflito com a lei, mostrou uma realidade social semelhante, revelando que o "desemprego, o uso de drogas e a falta de formação escolar marcam os núcleos familiares que foram parar na justiça".[8]

Isso significa que para o debate a respeito da realidade de vida dos sujeitos, e da intervenção do Serviço Social nesses espaços do Judiciário — o que parece não ser diferente com relação ao conjunto dos espaços de intervenção dos trabalhadores do campo sociojurídico —, é necessário, como ponto de partida, ter clareza de que a questão social atravessa o cotidiano dos sujeitos aí atendidos — em todas as suas dimensões. Questão social que se apresenta como "base" fundante do Serviço Social enquanto trabalho especializado e conceituada, conforme destaca Iamamoto, como o:

> [...] conjunto das expressões das desigualdades que aparecem com a sociedade capitalista e que tem uma raiz comum: a produção social é cada vez mais coletiva, o trabalho torna-se mais amplamente social, enquanto a apropriação do seu produto mantém-se privada, monopolizada por uma parte da sociedade (1998, p. 27).

---

8. Estudo realizado pela Profª Irene Rizzini. "Desemprego e drogas levam pais à Justiça". Jornal *Folha de S.Paulo*, Caderno 7. São Paulo, 12 out. 2002.

Vivemos uma situação no contexto mundial, nacional e local em que o trabalho se apresenta cada vez mais de forma precarizada, com aumento constante de mão de obra que não encontra emprego estável ou outra atividade remunerada de qualquer tipo, e não tem acesso e garantia de demais direitos, ou o tem de maneira bastante precária. Assim, o profissional que atua diretamente junto a essa ampla parcela da população, que vem sofrendo as consequências de um processo perverso de exclusão ou de apartação social, necessita, urgentemente, como diz Iamamoto, tomar "'um banho de realidade brasileira', munindo-se de dados, informações e indicadores que possibilitem identificar as expressões particulares da questão social, assim como os processos sociais que as reproduzem" (1998, p. 38).

A qualificação, para acompanhamento e análise crítica das relações sociais com as quais o assistente social lida no trabalho, torna-se fundamental para a proposição de ações inovadoras que venham a contribuir para alterações nessa realidade, tanto no nível da intervenção direta, quanto no âmbito das políticas sociais, de forma que o domínio do conhecimento da realidade social contribua para "...transformar os espaços de trabalho em espaços efetivamente públicos, a serviço dos interesses da coletividade" (ibid., p. 40).

É necessário, a este tipo de atividade, um conhecimento que contemple o conjunto dos fundamentos que dá direção ao projeto da profissão. Nesse sentido, a busca da história, enquanto possibilidade de explicações do presente e de respaldo para ações transformadoras no futuro se põe como um dos pontos essenciais a serem considerados.

3. Marcas históricas do estudo social

Ao longo do processo histórico, as práticas judiciárias vêm, por meio de profissionais de diferentes áreas, construindo formas de conhecimento do que se convencionou chamar, no meio jurídico/judiciário, de "verdade" a respeito das situações com as quais lida, com vistas a alcançar maior objetividade neste conhecimento, a partir de suporte científico. O perito, enquanto detentor de um saber, foi o personagem chamado a dar esse respaldo, ou seja, chamou-se um profissional especialista[9] em determinada área do conhecimento, para o estudo, a investigação, o exame ou a vistoria de uma situação processual, com o objetivo de oferecer subsídios técnico-científicos que possibilitassem ao magistrado a aplicação da lei com maior segurança, reduzindo-se a possibilidade da prática de erros ou de injustiças.

O especialista em outras áreas do saber, além da jurídica — como é o caso do médico psiquiatra — foi chamado a atuar junto à Justiça da Infância e da Juventude e também à Justiça da Família, no início de 1920. Sua atuação foi prevista no primeiro Código de Menores brasileiro, promulgado em 1927 (Lei n. 17.943-A, de 12 de outubro). Conforme dispunha o artigo 150 (em parte especial do código, que tratava da criação do primeiro Juízo Privativo de Menores, do Distrito Federal), competia ao profissional da medicina psiquiátrica "proceder a todos os exames médicos e observações dos menores levados a juízo, e aos que o juiz determinar" e "fazer às pessoas das famílias dos menores visitas médicas

9. Especialista enquanto detentor de conhecimentos em determinada área de formação/graduação profissional.

necessárias para as investigações dos antecedentes hereditários e pessoais destes".

Essa mesma legislação previa também o auxílio dos então chamados comissários de vigilância,[10] os quais atuavam junto ao Juízo e tinham, dentre suas atribuições (art. 152), a responsabilidade de "proceder a todas as investigações relativas aos menores, seus pais, tutores ou encarregados de sua guarda, e cumprir as instruções que lhes forem dadas pelo juiz".

Em 1943, o Decreto-lei n. 6.026, em alteração a esse Código, no que se refere a medidas a serem aplicadas a adolescentes em conflito com a lei, dispôs que o juiz deveria estudar "a personalidade do menor, sobretudo em seu ambiente familiar e social, mandando proceder reservadamente às perícias e inquéritos necessários à individualização do tratamento e da educação".

A origem dos estudos a respeito da realidade sociofamiliar das crianças e adolescentes, com finalidade de subsidiar as decisões e ações que tramitavam na esfera da justiça a eles destinada, remonta, portanto, ao instrumento do inquérito, enquanto possibilitador de coleta de informações com vistas ao restabelecimento da "verdade" dos fatos, ou da construção "de provas" a respeito da ação em litígio ou em exame,[11] numa direção coercitiva e disciplinadora da ordem social.

10. Mais tarde chamados de comissários de menores, depois voluntários da infância e juventude. Realizavam atividades de apoio ao Juízo, sem obrigatoriedade de formação em alguma área profissional específica. Não são mais previstos na atual legislação da infância e da juventude.

11. Nesse sentido, sua generalização, no que se refere a ações assistenciais e coercitivas junto a crianças e adolescentes, remonta aos Tribunais de Menores Franceses, que o utilizava, de acordo com Donzelot (1986, p. 112), como "o principal instrumento técnico destinado a

O assistente social, ao iniciar o trabalho no âmbito da Justiça da Infância e da Juventude, em São Paulo — nos idos dos anos 1940 — passou a ocupar o espaço do perito da área social, atuando inicialmente como estagiário ou como membro do Comissariado de Vigilância. Num período em que se evidenciava o agravamento e tentativas de controle das sequelas da questão social e se ampliava a ocupação de espaços institucionais pelo Serviço Social, o assistente social, com formação generalista na área social, passou a ter, na Justiça da Infância e da Juventude, espaço privilegiado de ação, o que fez com que, progressivamente, deixasse de atuar junto ao Comissariado e ocupasse, no final desses anos 1940, espaço formal de trabalho no então denominado Juizado de Menores de São Paulo.[12]

Com o segundo Código de Menores, promulgado em 1979,[13] que dispunha sobre "assistência, proteção e vigilância a menores" (art. 1º), o profissional de Serviço Social passou a ser integrado em maior número no interior do Judiciário, na medida em que, para a aplicação dessa lei, seriam levados em conta, dentre outros elementos, "o contexto socioeconômico e cultural em que se encontrem o menor e seus pais ou responsável", bem como "o estudo de cada caso" deveria ser realizado "por equipe de que participe pessoal técnico, sempre que possível" (art. 4º).

---

ordenar a nova logística do trabalho social; a possibilidade de retirar ou restituir as crianças, a intervenção na família com fins de reeducação [...], a tutela das prestações sociais...".

12. Vale ressaltar que nesse início de trabalho formal do Serviço Social no âmbito do Judiciário paulista, o assistente social ampliou seu espaço de ação para além da perícia, investindo na ação social mais ampla, com envolvimento de vários segmentos da comunidade. TCCs da década de 1950 demonstram essa realidade, bem como os anais das Semanas dos Problemas de Menores, que tiveram início no final dos anos de 1940 (ver Fávero, 1999).

13. Lei n. 6.697, de 10 de outubro de 1979.

A necessidade do perito, enquanto profissional de diversas áreas, que oferece conhecimentos científicos para subsidiar a decisão judicial, foi prevista também na Legislação Civil, sendo regulada no Código de Processo Civil (arts. 145 a 147) (Negrão, 1999). Legislação esta que na atualidade respalda a nomeação ou solicitação de assistente social para oferecer conhecimentos da área ao aplicador da justiça, para ações que tramitam, sobretudo, nas Varas da Família e das Sucessões e Varas Cíveis.

A legislação em vigor, referente à infância e à juventude (ECA, promulgado em 1990) aponta, nos seus artigos 150 e 151, para a necessidade de assessoria de equipe interprofissional nessa esfera da justiça. Equipe à qual compete, "dentre outras atribuições que lhe forem reservadas pela legislação local, fornecer subsídios por escrito, mediante laudos, ou verbalmente, na audiência, e bem assim desenvolver trabalhos de aconselhamento, orientação, encaminhamento, prevenção e outros...". Essas disposições contidas no ECA fazem parte de um conjunto de normas relacionadas à doutrina da proteção integral, que norteia as ações junto à criança e ao adolescente. Ações que no Poder Judiciário têm solicitado, cada vez mais, a presença de profissionais com formação na área social para atuarem em medidas de proteção de direitos e de suporte à aplicação da lei.

Verifica-se que, nesse processo histórico, o Serviço Social, mais especificamente no que se refere à atuação junto à Justiça da Infância e Juventude e também da Família e Sucessões, e Varas Cíveis, teve como base a metodologia operacional do "Serviço Social de casos individuais", desdobrado originariamente nas etapas de "estudo, diagnóstico e tratamento", ou "investigação — diagnóstico e intervenção". No que diz respeito sobretudo à operacionalização do processo de intervenção, pode-se dizer que essa metodologia até hoje se faz presente, e de maneira predominante nesse campo, resguardadas as diferentes orientações teóricas e princípios éticos que direcionaram a ação do assistente social ao longo dos anos.

O processo de intervenção composto pela "investigação — diagnóstico e intervenção", tem na sua origem a expressão e conceito do "Diagnóstico Social", formulado por Mary Richmond, na obra clássica *Social diagnosis*, de 1917. De acordo com Nadir Kfouri (1969, p. 17), Richmond afirmava que o Serviço Social de Casos era o campo específico do diagnóstico social, mas que ele se destinava a tornar-se elemento auxiliar de outras profissões, tais como a educação, a medicina, a jurisprudência etc.

No final dos anos 1940 e nos anos 1950, quando da implantação do Serviço Social nos Juizados de Menores de São Paulo, por meio do Serviço de Colocação Familiar,[14] a direção teórico-metodológica do "Serviço Social de casos individuais" pautava-se no referencial ideológico da doutrina social da igreja católica, que tomava como modelo de família a "sagrada família", ou a família nuclear. A metodologia operativa nessa época era influenciada pelo Serviço Social norte-americano, cuja intervenção junto a "casos individuais" referenciava-se em estudos de natureza psicossocial, isto é, versava sobre "fatores internos ou de personalidade e externos — ou situacionais e sociais" (Kfouri, 1969, p. 7).

Com predomínio, inicialmente, da análise dos fatores internos ou subjetivos, buscou-se, com o decorrer do tempo, uma maior

14. Implantado em 1949, sob coordenação do Prof. José Pinheiro Cortez e com influência direta das Professoras Helena Iracy Junqueira e Odila Cintra, da Escola de Serviço Social de São Paulo (Fávero, 1999).

articulação com conhecimentos das ciências sociais. Assim, conceitos como "'status' e papel social, classe social, sistema e estrutura, ação social, burocracia, mudança, desenvolvimento e subdesenvolvimento, 'cultura da pobreza'", passaram a ampliar a fundamentação dos estudos realizados e "a capacidade de diagnóstico", conforme exposto por Kfouri. Esta autora resumiu esse modelo de intervenção específica em Serviço Social como "Serviço Social de caso genérico", isto é, aplicável a diversos campos da prática.[15] Nadir Kfouri assinalava que "toda análise sobre a natureza do diagnóstico social é concorde em ressaltar a 'natural globalidade, complexidade intrínseca e interdependência de fatores do diagnóstico' e, por conseguinte, da realidade abordada pelo Serviço Social." De acordo com ela, mesmo no Serviço Social de casos, o diagnóstico era "inerentemente complexo e multidimensional, compreendendo pessoa e pessoas, pessoa e grupo, e classe social, e a sociedade mais ampla; fatores de personalidade e externos em contínua e dinâmica interrelação", constituindo-se, em síntese, numa "configuração global" (Kfouri, 1969, p. 12-5).

Os princípios éticos e filosóficos que deveriam direcionar e eram subjacentes à prática sintetizavam-se na "valorização do homem e da sociedade" (Kfouri, 1969, p. 5), numa perspectiva de adaptação, integração social e participação no processo de desenvolvimento, portanto, numa direção em que a crítica aos padrões dominantes de exploração social não se fazia presente.

15. As especializações, segundo Kfouri, deveriam ser adquiridas nos campos da prática ("a existência de campos diferenciados é um dado de realidade") ou a cursos de aperfeiçoamento e de pós-graduação, sendo que, "Nenhuma profissão cresce sem a dupla perspectiva da visão global, genérica e da específica" (1969, p. 13-24).

Os conhecimentos teóricos dividiam-se, por sua vez, entre os até então sistematizados, a partir da análise da prática, e os incorporados de outras disciplinas, entre as quais as ciências sociais, passaram, progressivamente, a ter maior predomínio.

As "aptidões práticas e atitudes", consideradas necessárias à intervenção, relacionavam-se ao "agir e ao sentir". As aptidões ou habilidades diziam respeito a "saber ouvir, responder, perguntar" e as atitudes relacionavam-se a "transmitir aceitação, compreensão etc." — inserindo-se, portanto, no relacionamento e na entrevista (Kfouri, 1969, p. 11). Como principais instrumentos para a operacionalização dessa ação, destacava a entrevista — "individual ou multicliente" —, a observação — "na entrevista ou fora dela" — e a documentação ou registro — "dos dados coligidos, do pensamento diagnóstico, do plano de ação, de sua execução e avaliação" (Kfouri, 1969, p. 12-3).

Considerando os limites da metodologia utilizada, quanto à dimensão histórico-social, a autora, nos anos 1960, pontuava a respeito da globalidade da situação em estudo, denotando a preocupação com o rigor no conhecimento, numa perspectiva mais ampliada, a partir da metodologia de análise que referenciava a ação, naquele momento. A globalidade da situação em estudo, todavia, era limitada ao predomínio do ser/indivíduo em relação à coletividade, não se colocando a dimensão de totalidade[16]

16. Ressalte-se que a dimensão de totalidade do ser social é radicalmente diferente do sentido de "globalidade" ou de "todo", posto pelo pensamento positivista predominante então. Totalidade, no sentido marxiano, e conforme demonstrado por Lukács, diz respeito a "complexos de complexos", isto é, "a realidade social é uma totalidade concreta composta por totalidades concretas de menor complexidade." O caráter de totalidade do ser social não é "um 'todo' ou um 'organismo', que integra funcionalmente partes que se complementam, mas

como base para a análise, que era influenciada, à época, sobretudo pelo pensamento positivista.

No âmbito do Judiciário paulista, no início dos anos 1980, surgem algumas iniciativas de sistematização da ação do assistente social, mais especificamente no que diz respeito ao estudo social, e com base nesse referencial da abordagem individual. Assim, Guerriero (1985), ao tratar do estudo social[17] a partir de sua experiência no contexto judiciário, apontava que o objeto do estudo social é o processo social, sinalizando que o contexto, e não o fato, era priorizado na análise. A autora observava que, neste estudo, o profissional deveria buscar estabelecer as inter-relações entre os diversos fatores que constituem a situação, em especial por meio da entrevista: "Compreende a inter-relação da dimensão espacial e da dimensão temporal, a dinâmica da personalidade e as forças do meio que atuam conjuntamente, na situação social" (Guerriero, 1985, p. 210).

No que diz respeito à forma de realização do estudo social, esclarecia que se concretizava por meio de entrevistas, visitas domiciliares e contatos com colaterais, instrumentos que tinham no relacionamento um elemento "constante e dinâmico", considerado fundamental para o processo de estudo. Destacava ainda que o movimento do relacionamento deveria ser pautado num roteiro prévio para o levantamento dos dados necessários, o qual

---

um sistema histórico-concreto de relações entre totalidades que se estruturam segundo o seu grau de complexidade" (Netto, 1994, p. 37). Para melhor entendimento, ver a íntegra do texto do autor citado.

17. Note-se que Guerriero fala sempre em estudo social, relatório social, parecer, não fazendo uso do termo laudo social.

não seguia modelos, mas dependia da habilidade e do conhecimento acumulado pelo profissional (Guerriero, 1985, p. 209).

Dizia ser "inerente à ação profissional, a descrição, a interpretação e a avaliação da situação", aspectos estes integrantes do relatório social, que expressaria o estudo social. Traduzia o relatório social como sendo "a exposição escrita que translada o segmento da realidade social com a interpretação científica do profissional", contemplando as dimensões temporal e espacial do estudo e globalizando-as, bem como estabelecendo a correlação entre os dados coligidos e a observação realizada durante o processo dinâmico de sua operacionalização. No relatório social deveria aparecer a ponderação dos itens significativos, de maneira que oferecesse o sentido total da situação que se constituiria na interpretação diagnóstica, bem como "uma apreciação final sintética e valorativa do caso como um todo", que se expressava "em função dos objetivos da intervenção judiciária" (Guerriero, 1985, p. 212).

Em outro estudo a respeito do Serviço Social no Judiciário (Adducci, 1982), o termo laudo social não aparece, tal como em Guerriero. O destaque é dado ao relatório social, como expressão do estudo social, tanto na Justiça da Infância e da Juventude como na da Família. Dentre as competências do assistente social nas então denominadas Varas de Menores, destacava a realização do "estudo social, valendo-se das técnicas de entrevistas, da visita domiciliar, da observação, da análise da documentação, de informações e entendimentos com colaterais ou entidades de bem-estar social da comunidade" (Adducci, 1982, p. 35). Nas Varas da Família e Sucessões, as competências do assistente social diziam respeito à realização do estudo social "nos casos expressamente determinados pela autoridade judiciária, através de entrevistas, análise de documentação, visitas domiciliares, observação e entendimentos com colaterais, identificando condições de vida das partes, objeto da ação, e apresentando o relatório social com as interpretações, diagnóstico e parecer" (Adducci, 1982, p. 39).

As referências históricas à forma e conteúdo do estudo social e conhecimentos acumulados por meio da intervenção profissional e da pesquisa, permitem afirmar que o modelo de abordagem individual, em especial as etapas metodológicas/operativas de investigação e diagnóstico contempladas pelo estudo social, direcionou o trabalho do assistente social na instituição judiciária ao longo de sua história.

Tal fato ocorre mesmo durante e posteriormente ao período do Movimento de Reconceituação, por vezes com algumas alterações quanto ao conteúdo, o que, via de regra, vinculava-se mais à visão de mundo do profissional que o elaborava do que a critérios e fundamentos estabelecidos coletivamente, norteadores de novas formas de trabalho. Pode-se dizer que continuou predominando a mesma forma de realização desse estudo, com pontuais movimentos de busca de alterações quanto ao seu conteúdo, o qual carece de maior investimento coletivo, que leve em consideração o referencial ético-político e teórico-metodológico que norteia o Serviço Social contemporaneamente.

4. O estudo social na contemporaneidade

O estudo social se apresenta, atualmente, como suporte fundamental para a aplicação de medidas judiciais dispostas no

Estatuto da Criança e do Adolescente e na legislação civil referente à família, bem como em outras legislações de conteúdo social, afeitas à proteção de direitos dessa população. A solicitação ou determinação para que seja realizado, em geral se dá diretamente a assistentes sociais servidores do Poder Judiciário ou a assistentes sociais nomeados como peritos, ou por meio de profissionais que atuam em organizações cujo objeto de trabalho de alguma forma estabelece interfaces com a instituição judiciária.[18]

Para o desenvolvimento deste trabalho, geralmente o assistente social estuda a situação, realiza uma avaliação, emite um parecer, por meio do qual muitas vezes aponta medidas sociais e legais que poderão ser tomadas. Na realização do estudo, o profissional pauta-se pelo que é expresso verbalmente e pelo que não é falado, mas que se apresenta como conteúdo integrante do contexto em foco. Ele dialoga, observa, estuda, analisa, registra, estabelece pareceres, apresentando, muitas vezes, a reconstituição dos acontecimentos que levaram a uma determinada situação vivenciada pelo sujeito, tido juridicamente como "objeto" da ação judicial. Ação operacionalizada a partir de uma posição de poder que lhe possibilita, inclusive, enquadrar "normalidades e anormalidades", se compartilhar de uma perspectiva positivista de leitura da realidade.

18. Em alguns municípios, profissionais que atuam em órgãos do Poder Executivo local ou estadual, recebem, por vezes, determinação judicial para elaboração de estudo social, quando da ausência ou de número insuficiente de assistentes sociais servidores do Judiciário local — como trabalho cumulativo ao que executam nas respectivas secretarias ou serviços, e muitas vezes em prejuízo de suas atribuições nesses espaços sociocupacionais. A esse respeito, a assessoria jurídica do CFESS emitiu o Parecer n. 10/12, visando subsidiar o Conselho, no sentido de garantir ao profissional o direito de se declarar impedido, e/ou de receber justa remuneração por esse trabalho, com base na Tabela Referencial do CFESS. (Terra, 2012).

Por meio de observações, entrevistas, pesquisas documentais e bibliográficas, ele constrói o estudo social, ou seja, constrói um saber a respeito da população usuária dos serviços judiciários. Um saber que pode se constituir numa verdade. As pessoas são examinadas, avaliadas, suas vidas e condutas interpretadas e registradas, construindo-se, assim, uma "verdade" a respeito delas.

O relatório social e/ou o laudo social e/ou o parecer social, que apresentam com menor ou maior detalhamento, a sistematização do estudo realizado (ou da perícia social, como definido geralmente neste espaço), transformam-se em instrumentos de poder. Ou num saber, convertido em poder de verdade, que contribui para a definição do futuro de crianças, adolescentes e famílias, na medida em que é utilizado como uma das provas que compõem ou que podem compor os autos.

Esses documentos que apresentam, de forma cristalizada pela escrita, as informações colhidas e as interpretações realizadas irão intermediar — a partir de um norte teórico — a fala do sujeito, os demais dados obtidos e a análise realizada, e aquele ou aqueles que serão os leitores, os quais, geralmente, são os agentes que emitirão uma decisão, ou participarão de uma decisão a respeito dos sujeitos envolvidos na ação judicial.

Ao se tomar como referência definições dos termos perito, perícia e laudo, emergem e perpassam em todas elas conceitos relacionados ao "saber". O perito é o sujeito "sábio", "hábil", "especialista em determinado assunto". A perícia é traduzida como "vistoria ou exame de caráter técnico e especializado".[19]

19. *Novo Dicionário Aurélio da língua portuguesa.*

O laudo, por sua vez, registra por escrito, e de maneira fundamentada, os estudos e conclusões da perícia. Ou seja, registra um saber, e saber especializado, relacionado a uma área de formação profissional. Portanto, um saber que demanda estudo, experiência, pesquisa, enfim, exige conhecimento fundamentado, científico, o que foge a qualquer interpretação com base no senso comum. Conforme Magalhães (2001, p. 64), do rigor de sua fundamentação e de sua clareza — enquanto instrumento de comunicação — depende a devida utilização do seu conteúdo.

O conteúdo significativo do estudo social, expresso em relatórios ou no laudo social, reporta-se à expressão ou expressões da questão social e/ou à expressão concreta de questões subjetivas que podem estar relacionadas à perda, ao sofrimento, que culminou numa ação judicial — por exemplo, o acolhimento institucional de uma criança, pelo abandono total ou pela impossibilidade material de familiares oferecer cuidados dos quais necessita; a perda do poder familiar sobre um filho, a violência doméstica, a violência na vida do adolescente e do jovem em conflito com a lei, situações familiares conflitantes, a disputa pela guarda de filhos... Esse estudo envolve diretamente um sujeito, um casal, uma família (criança, adolescente, pai ou mãe, mãe e pai, outros responsáveis, família ampliada etc.), cuja história social a ser conhecida passa, necessariamente, pela sua inserção na coletividade. Como seres sociais, esses sujeitos convivem e sofrem os condicionamentos e determinações da realidade social local, conjuntural e mais ampla que os cerca. Vivem ou viveram numa família, independentemente da forma ou organização que ela assume ou assumiu; mantêm ou mantiveram alguma relação com o trabalho (que pode ser também o não trabalho), e alguma relação, na maioria das vezes, com a cidade (meio ambiente imediato e mediato); relação ou não com a religiosidade, com manifestações culturais diversas, com outros grupos de pertencimento. Portanto, a construção do estudo social contempla a inclusão do(s) sujeito(s) singular(es), na universalidade mais ampla na qual se insere(m).

A acentuada e crescente demanda atendida, sobretudo pela Justiça da Infância e da Juventude, a premência em proteger uma criança em situação de risco pessoal e/ou social, o parco investimento em recursos físicos, materiais e humanos por parte do Estado/instituição judiciária, para viabilizar melhores condições de trabalho nessa área, aliado à falta de investimento em capacitação e/ou supervisão continuada, com base nos referenciais do atual projeto ético-político do Serviço Social, e a situação de miséria vivida por muitos dos usuários — em razão da pouca presença do Estado na implementação de políticas sociais universalizantes, redistributivas e mesmo compensatórias, podem contribuir para que algumas vezes o estudo social e o seu registro documental sejam realizados a partir das primeiras impressões, do imediato, do que é posto aos olhos — sem que os profissionais o aprofundem e avaliem as consequências do saber-poder presentes nas suas ações.

No espaço do judiciário, o assistente social, geralmente, é subordinado administrativamente a um juiz de direito — ator privilegiado nessa instituição, na medida em que sua ação concretiza imediatamente a ação institucional.[20] Esta relação de subordinação, não raras vezes, determina relações de subalternidade, em razão do autoritarismo muitas vezes presente no meio

20. G. de Albuquerque, apud Faleiros, 1985, p. 20.

institucional.[21] Todavia, o assistente social é autônomo no exercício de suas funções, o que se legitima, fundamentalmente, pela competência teórico-metodológica e ético-política por meio da qual executa o seu trabalho. Autonomia garantida legalmente, com base no Código de Ética Profissional, na lei que regulamenta a profissão, no próprio ECA, na legislação civil.

Vale lembrar que o âmbito da intervenção cotidiana ou da prática profissional cotidiana é a esfera da realidade que mais está sujeita à alienação, conforme Heller (1985, p. 37). Alienação que, ao dominar esse cotidiano, favorece a cristalização de modos de pensar e agir e impossibilita mudanças. Essa cristalização do pensamento é traduzida em preconceitos, que, mesmo que não se evidenciem claramente para quem os pratica, é sempre guiado por uma intencionalidade,[22] tem sempre uma referência à consciência. Conforme apontado em proposta que pauta o atual projeto de formação profissional do assistente social, trata-se de um processo econômico, social, cultural e político em que o ser humano aliena-se em relação "aos produtos de sua atividade e à própria atividade". Assim, ao ser produzido pelas instituições sociais, esse processo faz com que "os sujeitos sociais apareçam como objetos submetidos a um poder institucional que prevalece como força exterior, superior e natural aos próprios homens, e não como criação destes", o que implica na limitação da liberdade e da criatividade.[23]

A imersão num cotidiano tenso, complexo e, via de regra, autoritário, torna permanente o desafio dos profissionais no que

21. O que pode ser acentuado em muitas situações, pelos traços marcantes de subalternidade que, historicamente, a profissão adquiriu em diversos campos de intervenção.

22. Heller, apud Baptista, 1995, p. 114.

23. *ABESS*, n. 7, p. 41, 1997.

se refere ao exercício da liberdade e da criatividade; torna permanente o desafio em fazer com que esse campo de poderes do qual faz parte se mantenha direcionado para a garantia de direitos humanos e sociais, para a efetiva proteção às crianças, adolescentes e famílias, e não para o disciplinamento e a regulação social, de cunho coercitivo e moralizador.

A dimensão mais ampla deste desafio é resistir à tensão e à alienação que o rotineiro ambiente de trabalho propicia e fazer das ações singulares, operadas no cotidiano, espaços de acesso, garantia e de ampliação de direitos, de denúncia da situação de espoliação social vivida por muitos dos sujeitos presentes nas ações judiciais, numa articulação com lutas coletivas, negando o caráter autoritário, controlador e disciplinador que as práticas judiciárias historicamente construíram.

Para se avançar na reflexão e no debate em torno dessas implicações ético-políticas da construção do estudo social, é fundamental que se retome aqui as competências e atribuições do assistente social, conforme a legislação e as diretrizes e princípios que regulamentam e norteiam a profissão contemporaneamente.

De acordo com a Lei n. 8.662/93,[24] dentre as competências do assistente social está a de: "realizar estudos socioeconômicos com os usuários para fins de benefícios e serviços sociais junto a órgãos da administração pública direta e indireta, empresas privadas e outras entidades" e dentre as atribuições privativas "realizar vistorias, perícias técnicas, laudos periciais, informações e pareceres sobre a matéria de Serviço Social".

---

24. Que dispõe sobre a profissão de assistente social, de 7 de junho de 1993 (CFESS, 2011).

O Código de Ética Profissional, de 1993 (CFESS, 2001) por sua vez, destaca, como princípios fundamentais que devem direcionar o trabalho do assistente social:

> o reconhecimento da liberdade como valor ético central, a defesa intransigente dos direitos humanos, a ampliação e consolidação da cidadania, a defesa do aprofundamento da democracia, o posicionamento em favor da equidade e justiça social, o empenho na eliminação de todas as formas de preconceito, a garantia do pluralismo, a opção por um projeto profissional vinculado ao processo de construção de uma nova ordem societária — sem dominação-exploração de classe, etnia e gênero —, a articulação com os movimentos de outras categorias, o compromisso com a qualidade dos serviços prestados e o exercício do Serviço Social sem ser discriminado.

Essas normas, diretrizes e princípios estabelecidos pela legislação profissional norteiam, portanto, a ação do assistente social, seja aquelas de abrangência coletiva, seja as que atingem mais particularmente indivíduos ou famílias.

A definição de uma ação fundamentada nos aportes éticos e teóricos que fundam a profissão contemporaneamente implica que a reflexão a respeito da construção do estudo social passa, fundamentalmente, pela relação com o objeto de trabalho do Serviço Social e o processo de trabalho que o envolve. Assim, as diretrizes norteadoras da nossa formação profissional, do nosso projeto de profissão pautam este debate.

Conforme já apontado, o Serviço Social tem na questão social o elemento central do projeto da profissão, a qual se particulariza no dia a dia da intervenção, de variadas formas. O trabalho que o assistente social desenvolve, nos diferentes espaços institucionais que ocupa, é composto por um objeto, constituinte e constituído pela realidade social, que aparece, geralmente (sobretudo nas ações que envolvem crianças, adolescentes, famílias), por meio da violência social — ou violência da vivência em situação de pobreza; por meio da violência interpessoal e intrafamiliar, pela negligência, ausência de trabalho ou trabalho precário, pela ausência ou insuficiência de políticas sociais universalizantes e redistributivas, situações que muitas vezes são permeadas por conflitos e rompimentos de vínculos na esfera familiar. Esse cotidiano é composto ainda pelos instrumentos (ou meios) dos quais o assistente social lança mão para o exercício do seu trabalho, e pela atividade de trabalho em si, a qual é norteada por uma finalidade. Isto é, o trabalho realizado comporta um conteúdo e é guiado por uma intencionalidade, com vistas a um resultado. O que significa que toda intervenção na realidade, por parte do ser humano e, particularmente aqui, por parte do assistente social, tem uma dimensão teleológica — isto é, o profissional projeta o resultado a ser alcançado e esse projetar confere uma direção social à finalidade do trabalho. Uma direção que não é neutra, não é a-histórica — ela é condicionada pela visão de mundo, pelos valores, crenças, hábitos, fundamentos teóricos, princípios éticos que constroem o agir profissional. Enfim, ela é impregnada por um projeto de classe social.

Considerando então que o processo de trabalho do Serviço Social é constituído pela articulação do objeto, meios, atividade e finalidades,[25] é necessário ter clareza de que o assistente social ao trabalhar, faz perguntas e busca respostas a questões relacionadas a: o que fazer, por que fazer, para que fazer e como fazer.

25. *ABESS*, n. 7, p. 30-1, 1997.

Essas questões, já apontadas inicialmente neste texto, remetem ao objeto, aos objetivos, às finalidades e à metodologia para o desenvolvimento da ação. Nesse sentido, o primeiro passo para a construção do estudo social relaciona-se a "o que" conhecer por meio dele, ou seja, qual o "objeto" a ser conhecido por meio desse estudo — objeto que, mesmo sendo relacionado às peculiaridades socioinstitucionais, é delimitado pelo profissional. Em seguida, pergunta-se o porquê e para que realizar o estudo, ou seja, quais os objetivos a alcançar e com quais finalidades.

Objetivos e finalidades norteadores de uma ação profissional que se reportam, primeiramente, ao projeto ético-político e teórico-metodológico da profissão e, secundariamente, à natureza e determinantes institucionais. Esse norte vincula-se intrinsecamente ao "como" fazer, que se apresenta como etapa desse planejamento da ação, isto é, a metodologia operativa compõe esse processo, enquanto indicadora dos passos e dos instrumentos e técnicas a serem utilizados. Esse aporte delineador da intervenção, representado aqui sequencialmente, certamente não se coloca operacionalmente nessa linearidade, mas compõe um processo de ação, que nem sempre aparece ao profissional de forma consciente e objetiva, em razão de sua absorção nas tarefas rotineiras do cotidiano.

Essas normas e fundamentos dizem respeito aos meios necessários de serem dominados para o competente exercício profissional. Dominar os meios implica o domínio de um poder. Poder dado pelo saber profissional, que, no caso do Judiciário, soma-se ao poder inerente à natureza institucional, que é um poder de julgamento, de decisão a respeito da vida dos sujeitos.

Pode-se indagar, então, qual é a real finalidade do estudo social nesse campo de intervenção, e como planejar o trabalho, de maneira que a finalidade se articule ao domínio dos meios para chegar até ela. Dessa forma, uma das primeiras perguntas em face da demanda do estudo social não seria *para quê*? Para subsidiar a decisão judicial? E pergunta-se também que implicações na vida do sujeito essa decisão trará? Que responsabilidade tem o profissional do Serviço Social nessa decisão? Levando em conta que o Judiciário busca a "verdade" dos acontecimentos ou da situação, para julgar com justiça, indagamos qual a sua participação na construção dessa verdade. Ele tem clareza de que a "verdade" é histórica, construída socialmente?

Se o poder-saber articula-se à liberdade e à autonomia profissional, significa que ele se apresenta também "como possibilidade de escolha, de definição entre alternativas de ação".[26] Os fundamentos ou a escolha dos fundamentos que norteiam a ação se dá a partir de determinados interesses, com determinadas finalidades. Isto é, a escolha dos meios relaciona-se diretamente aos fins. Quais são, então, os meios que o profissional deve escolher e os fins que pretende ao realizar um estudo social?

Quando se fala em meios, fala-se para além da técnica ou do instrumental operativo. Conhecer técnicas de entrevista e de redação para registros (seja um relatório, um laudo, um parecer), por exemplo, é fundamental nesse trabalho, mas o domínio dessas técnicas não garante por si só a competência profissional. Os conteúdos históricos, teórico-metodológicos e ético-políticos que

26. Rios, 1993, p. 40.

constituem o projeto do Serviço Social, articulados ao domínio da técnica, é que irão distinguir o trabalho profissional competente — ou seja, o trabalho profissional que efetivamente compete ao assistente social.

Esses conteúdos, articulados, compõem o projeto profissional. Conforme Guerra (1995), o instrumental técnico, a metodologia operativa, não independe desse projeto, ao contrário, são "acessórios" que o compõem. Limitar-se ao predomínio da técnica significa manter-se na aparência dos fenômenos, sem considerar o conjunto das determinações que os constroem. Os instrumentos e técnicas de intervenção são meios geralmente comuns a diferentes profissões. Os fundamentos é que distinguem a especificidade de cada uma delas.

Na construção do estudo social, não se pode perder de vista que mesmo quando se trabalha com apenas um usuário, ele é um indivíduo social, e a realidade social que condicionou a sua história, bem como o fato que motivou a realização do estudo, devem ser trazidos à tona pelo assistente social. Esse sujeito tem uma história social de vida — passada e presente; viveu e vive numa sociedade em que ele, e/ou os familiares, teve ou tem alguma forma de relação com o trabalho — seja inserido, seja excluído, seja sobrante no mundo do trabalho; ele viveu ou vive em algum grupo familiar, com o qual manteve ou mantém relações fundantes e determinantes de sua forma de vida, em que as relações de gênero também se fazem presentes; ele vive em uma região, em uma cidade, em um bairro, forjados socialmente por políticas públicas que determinam sua forma de existência e, nesse contexto, ele tem, teve ou não acesso a bens sociais, provenientes das políticas de corte social. Portanto, o profissional necessita saber do mundo do trabalho, suas permanências, suas mudanças, suas determinações; necessita saber de que família se fala, das diversas formas e arranjos vividos pelas famílias em nossa sociedade, do processo de socialização dos sujeitos; necessita saber do território, da cidade, do município — qual a sua infraestrutura econômica, as políticas sociais que implementa ou deixa de implementar (no caso da criança e do adolescente, por exemplo, as políticas previstas no ECA e em legislações afins estão sendo implementadas?). Nesse sentido, trabalho, cidade, políticas sociais e família se põem como chaves do conhecimento para a construção do estudo social.

As peculiaridades sociais, econômicas e culturais cabem ao assistente social desvelar — sem deixar de, obviamente, construir interpretações e estabelecer relações com as questões estruturais, nacionais e mundiais que interferem e determinam o dia a dia dos sujeitos. Portanto, o estudo social envolve uma dimensão de totalidade que deve ser expressa nos registros que o expõem ao conhecimento do outro, seja o juiz, seja o defensor, seja o promotor público, seja o psicólogo, enfim, ao olhar de outros profissionais com os quais o assistente social interage, direta e indiretamente.

Buscar ser um profissional criativo, no sentido de "desenvolver sua capacidade de decifrar a realidade e construir propostas de trabalho criativas e capazes de preservar direitos, a partir de demandas emergentes no cotidiano", como aponta Iamamoto (1998, p. 20), evitando permanecer somente como executor de tarefas e determinações, é o desafio permanente que se põe aos profissionais do Serviço Social.

A competência técnica, política e ética, com vistas ao enfrentamento das situações decorrentes das particularidades das questões sociais com as quais lida no trabalho e da perversidade de uma intervenção que tende a ser desviada para a direção da regulação caso a caso, do controle e do disciplinamento dos sujeitos sociais, supõe também o trabalho interdisciplinar, a articulação com a rede social existente e a pressão para a sua ampliação — numa dimensão de trabalho coletivo, aliados ao investimento no aprimoramento teórico, metodológico e técnico.

Existem diversas possibilidades de ação no que se refere ao trabalho profissional na área sociojurídica que podem se somar a iniciativas de outros segmentos da sociedade organizada, para alavancar ações transformadoras da e na realidade social.

Os dados empíricos, mais as representações das diferentes questões que se põem nesse cotidiano de trabalho necessitam ser mais bem conhecidos, de forma que propiciem aos seus operadores parâmetros de análise mais próximos do real. O que pode ser realizado no espaço institucional, se possível em aliança com organizações que trabalham com a mesma demanda, ou em conjunto com a universidade, por meio da nucleação de grupos de estudos e pesquisas sobre temas sociojurídicos, e pela participação política organizada, por meio desses grupos e de órgãos representativos das categorias que realizam trabalhos afins.

É necessário que o profissional esteja atento à importância do engajamento político das categorias que atuam na área social, para uma participação conjunta com outros segmentos organizados da sociedade, na busca coletiva de ações que alavanquem transformações da realidade. Tal engajamento é necessário para que não se corra o risco de permanecer eternamente proferindo um discurso queixoso, que só faz aumentar angústias e não contribui para o avanço. Ao contrário, desmobiliza, enfraquece a ação profissional e política, além do que faz mal à saúde, física e mental. Como exemplo, pode-se pensar no nível de violência (pessoal e social) com o qual o assistente social toma contato diariamente nos espaços de trabalho que ocupa. Se essa face da realidade não for objeto de análises, críticas e enfrentamentos, de forma organizada e coletiva, pode se chegar tão somente à comoção, à desmobilização e ao apelo por medidas de controle também violentas.

Sabe-se que o trabalho nessa área é incômodo, tenso, permeado por "desfiles" de tragédias, de violências pessoais, sociais, institucionais — explícitas ou simbólicas, no interior dos processos de barbárie social em curso. Como crer em possibilidades e criar novas formas de ações, na medida em que os profissionais lidam direta e cotidianamente com estas tragédias? São situações em que os profissionais, em geral, recebem remuneração aquém do seu valor, e pouco ou nenhum investimento na capacitação por parte da instituição empregadora. Como preservar a serenidade, o equilíbrio, o bom senso e o "distanciamento científico", sem correr o risco de se colocar como "policiais" da família ou do adolescente ou como "salvadores" de uma criança ou de um adolescente? Indaga-se, assim, como estes profissionais podem ter serenidade e equilíbrio para não passar a ver todas as situações como iguais. Como não ultrapassar, no cotidiano da intervenção profissional, o limite entre a contribuição competente para a justa aplicação da justiça, a garantia de direitos e uma possível arbitrariedade que pode vir diluída no saber-poder que subsidia e contribui para a decisão sobre o futuro da vida dos sujeitos? Como pensar em viabilizar outras possibilidades de ação, de caráter coletivo, diante do descomprometimento social e ético de parte de vários personagens que compõem os poderes constituídos, como construir possibilidades de transformações no cotidiano desse trabalho e desse trabalho no cotidiano, superando suas evidentes características de repetição, são outras indagações que podem ser feitas envolvendo a função do assistente social.

Estas e tantas outras são questões que permanecem e, quem sabe, possam ser instigadoras da necessária continuidade da união e organização política dos trabalhadores da área e o necessário desenvolvimento de estudos e pesquisas a respeito dessa temática, de forma a valorizar, a instrumentalizar qualitativamente o trabalho profissional, e contribuir para a implementação de ações direcionadas para transformações.

Vale lembrar que cada um de nós participamos da construção da história — nas ações coletivas e nas ações singulares que realizamos no nosso dia a dia, e que, felizmente, não "estamos terminados". Como Guimarães Rosa nos fala, por intermédio de um dos personagens de *Grande Sertão: Veredas*:

> O senhor... Mire, veja: o mais importante e bonito, do mundo é isto: que as pessoas não estão sempre iguais, ainda não foram terminadas — mas que elas vão sempre mudando. Afinam ou desafinam. Verdade maior. É o que a vida me ensinou. Isso que me alegra, montão.[27]

---

27. Rosa, 1986.

Parte II

1. Procedimentos e instrumentos em questão: síntese informativa

O estudo social, a perícia social, o laudo social e o parecer social fazem parte de uma metodologia de trabalho de domínio específico e exclusivo do assistente social. É o assistente social o profissional que adquiriu competência para dar visibilidade, por meio desse estudo, às dinâmicas dos processos sociais que constituem o viver dos sujeitos; é o assistente social que pode trazer à tona a dimensão de totalidade do sujeito social (ou sujeitos) que, juridicamente, se torna "objeto" da ação judicial.

O termo profissional traz significados de "necessário ao exercício", "próprio de uma profissão". Profissão, por sua vez, significa "atividade ou ocupação especializada, e que supõe determinado preparo".[28] Perito, como já visto, reporta-se a profissional que detém um conhecimento especializado, dado por sua área de formação. Pergunta-se então: para a atuação na área judiciária, o assistente social necessita ter conhecimento especializado em quê?

28. *Novo Dicionário Aurélio da língua portuguesa.*

Seria na área do Jurídico, do Direito, da Justiça? É inegável que ele necessita saber de especificidades e particularidades do meio institucional, sim, como em qualquer outra área na qual trabalhe, como qualquer profissional, das mais diferentes áreas, necessitaria. Por exemplo: se atua na Vara da Infância e da Juventude, necessita saber do ECA, da letra da lei e de seus fundamentos, necessita saber dos trâmites legais de sua aplicação, da estrutura do Judiciário e da Justiça da Infância e da Juventude no seu interior etc. Mas o que é solicitado ao profissional assistente social não é o conhecimento jurídico, ou a interpretação da lei, mas o conhecimento específico do Serviço Social, de forma que sua apresentação, por meio do estudo social, registrado em um relatório ou laudo, contribua para a justa aplicação da lei.[29] Então, ele necessita saber, essencialmente, dos fundamentos do Serviço Social, da realidade social da criança, do adolescente, da família, da sua relação com as políticas sociais, a cidade, o trabalho, do que significa ser criança e ser adolescente, e ser criança e adolescente nesse contexto etc. Precisa saber, falar e atuar a partir de uma área profissional que somente ele está habilitado a fazê-lo. Assim, é no interior do projeto da profissão que se buscam respostas a essas demandas profissionais, e não fora dele. Quando o

29. Vale lembrar também aqui a Resolução CFESS n. 557/2009, que "dispõe sobre a emissão de pareceres, laudos, opiniões técnicas conjuntos entre o assistente social e outros profissionais". Dentre seu importante conteúdo, o art. 4 aponta que: "Ao atuar em equipes multiprofissionais, o assistente social deverá garantir a especificidade de sua área de atuação." E, ainda, no parágrafo primeiro deste artigo: "O entendimento ou opinião técnica do assistente social sobre o objeto da intervenção conjunta com outra categoria profissional e/ou equipe multiprofissional, deve destacar a sua área de conhecimento separadamente, delimitar o âmbito de sua atuação, seu objeto, instrumentos utilizados, análise social e outros componentes que devem estar contemplados na opinião técnica."

assistente social é solicitado a oferecer um laudo, um parecer social, cabe a ele, portanto, definir os meios necessários para construí-los: em que nível e a quais conhecimentos precisa ter acesso, se necessita de entrevistas, com quem e quantas, se deve realizar visitas domiciliares e/ou institucionais, se precisa estabelecer contatos variados — com familiares, rede socioassistencial, outros —, se deve consultar material documental e bibliográfico e quais etc. É sua prerrogativa definir os meios para atingir os fins propostos. Para tal, se faz imprescindível a permanente capacitação, em especial por se tratar de profissão que lida com expressões da realidade social — a qual se põe de forma dinâmica, em permanente transformação, e lida, especialmente, com situações e ações que dizem respeito a direitos, fundamentais e sociais.

É a partir dessas preocupações que se apresenta, a seguir, uma tentativa de síntese informativa acerca dos instrumentos e procedimentos em questão, bem como algumas indicações de leitura.

2. Estudo social

O estudo social é um processo metodológico específico do Serviço Social, que tem por finalidade conhecer com profundidade, e de forma crítica, uma determinada situação ou expressão da questão social, objeto da intervenção profissional — especialmente nos seus aspectos socioeconômicos e culturais. Tem sido utilizado nas mais diversas áreas da intervenção do Serviço Social, e é instrumento fundamental no trabalho do assistente social que atua no sistema judiciário — seja como funcionário, seja como perito ou assistente técnico — em especial junto à Justiça da Infância e da Juventude, justiça de família, justiça criminal e ações judiciárias relacionadas à seguridade e previdência social. Os fundamentos e particularidades que o constituem são objeto da reflexão exposta neste texto, em especial em sua primeira parte, não sendo pertinente nem possível sintetizá-los em poucas palavras. Vale reafirmar, contudo, que de sua fundamentação rigorosa, teórica, ética e técnica, com base no projeto da profissão, depende a sua devida utilização para o acesso, garantia e ampliação de direitos dos sujeitos usuários dos serviços sociais e do sistema de justiça.

3. Perícia social

A perícia, no âmbito do judiciário, diz respeito a uma avaliação, exame ou vistoria, solicitada ou determinada sempre que a situação exigir um parecer técnico ou científico de uma determinada área do conhecimento, que contribua para o juiz formar a sua convicção para a tomada de decisão.

A perícia, quando solicitada a um profissional de Serviço Social, é chamada de perícia social, recebendo esta denominação por se tratar de estudo e parecer cuja finalidade é subsidiar uma decisão, geralmente, judicial. Ela é realizada por meio do estudo social e implica a elaboração de um laudo e emissão de um parecer. Para sua construção, o profissional faz uso dos instrumentos e técnicas pertinentes ao exercício da profissão, sendo facultado a ele a realização de tantas entrevistas, contatos, visitas, pesquisa documental e bibliográfica que considerar necessárias para a análise e a interpretação da situação em questão e a elaboração de parecer. Assim, a perícia é o estudo social, realizado com base nos fundamentos teórico-metodológicos, ético-políticos e técnico--operativos próprios do Serviço Social, e com finalidades relacionadas a avaliações e julgamentos. No sistema judiciário, a perícia pode ser realizada por assistente social, funcionário da instituição judiciária, por assistente social nomeado como perito pelo juiz responsável pela ação judicial — comumente inscritos em listagem local e remunerados por perícia realizada e laudo apresentado —, bem como por assistente técnico,[30] que é um profissional de confiança, indicado e remunerado por uma das partes[31] envolvidas na ação judicial (em especial nas Varas da Família e das Sucessões) para emitir parecer, após a apresentação do laudo por um perito nomeado pelo juiz. Dependendo da solicitação e/ou determinação, o perito poderá responder a quesitos, geralmente formulados pelas partes envolvidas na ação ou pelos advogados/defensores que as representam, devendo fazê-lo sempre em consonância com as prerrogativas, princípios e especificidades da profissão.[32]

30. A atuação do assistente social como perito ou como assistente técnico não pode ser confundida com a de testemunha. Nesse sentido, ver Resolução CEFSS n. 559/2009, que "dispõe sobre a atuação do assistente social, inclusive na qualidade de perito judicial ou assistente técnico, quando convocado a prestar depoimento como testemunha, pela autoridade competente".

31. "Parte" é denominação usada no meio jurídico/judiciário para indicar os sujeitos envolvidos na ação judicial, na medida em que, via de regra, o judiciário atua numa lide, num conflito que envolve diferentes necessidades e interesses contrários. Conforme Magalhães, se não fosse assim, não existiria conflito, nem seria necessário procurar a justiça (2001, p. 60).

32. Assim, sempre que algum quesito não estiver relacionado à área de conhecimento própria do Serviço Social, o profissional deverá limitar-se a responder com esta informação.

4. Relatório social

O relatório social, como documento específico elaborado por assistente social, se traduz na apresentação descritiva e interpretativa de uma situação ou expressão da questão social, enquanto objeto da intervenção desse profissional, no seu cotidiano laborativo. No sistema judiciário, seu uso, que é muito comum no trabalho junto às Varas da Infância e da Juventude, se dá com a finalidade de informar, esclarecer, subsidiar, documentar um auto processual relacionado a alguma medida protetiva ou socioeducativa, prevista no Estatuto da Criança e do Adolescente, ou enquanto parte de registros a serem utilizados para a elaboração de um laudo ou parecer. Sua apresentação se dá com maior ou menor nível de detalhamento, a depender de sua finalidade, podendo conter apenas partes da questão ou situação em estudo, que será conhecida de forma mais completa no conjunto de relatórios sequenciais, decorrentes de várias ações e/ou atendimentos. Via de regra esse documento deve apresentar o objeto de estudo, os sujeitos envolvidos e a finalidade à qual se destina, os procedimentos utilizados, um breve histórico, o desenvolvimento e a análise da situação. Como qualquer outra documentação do âmbito da profissão, os princípios éticos devem guiar a escolha do que é pertinente ou não de se registrar em documentos que permanecem em prontuário próprio do Serviço Social e naqueles que serão expostos à análise de outro agente, ou que poderão vir a público. Nesse sentido, é importante não perder de vista a finalidade da ação profissional desenvolvida que, embora tenha relação com a finalidade da instituição/organização empregadora, não pode ser imposta por ela.

5. Laudo social

O laudo é utilizado no meio judiciário como mais um elemento de "prova", com a finalidade de dar suporte à decisão judicial, a partir de uma determinada área do conhecimento, no caso, o Serviço Social. Seu conteúdo, na maioria das vezes, contribui para a formação de um juízo por parte do magistrado, isto é, para que ele tenha elementos que possibilitem o exercício da faculdade de julgar, a qual se traduz em "avaliar, escolher, decidir".[33]

E essa avaliação, escolha ou decisão, geralmente diz respeito a: se uma criança deve ou não permanecer sob os cuidados dos pais; se uma criança deve ou não ser acolhida em uma instituição; se um indivíduo ou um casal tem ou não condições de adotar uma criança; se um pai ou uma mãe tem ou não condições de exercer os direitos do poder familiar e, consequentemente, poder de guarda de fato e legal de filhos; se uma determinada medida socioeducativa deve e pode ser aplicada a um adolescente; se um idoso tem direito a um benefício previdenciário. Enfim, o laudo oferece elementos de base social para a formação de um juízo e tomada de decisão que envolve direitos fundamentais e sociais.

Enquanto "documento resultante do processo de perícia social" (Mioto, 2001, p. 156), ele apresenta o registro das informações mais significativas do estudo e da análise realizada e o parecer social.

Ele possui uma estrutura que geralmente se constitui por uma *introdução* que indica a demanda judicial e objetivos, uma *identificação* breve dos sujeitos envolvidos, a *metodologia* para construí-lo

33. Abbagnano. *Dicionário de filosofia*, 1998.

(deixando claro a especificidade da profissão e os objetivos do estudo), *um relato analítico* da construção histórica da questão estudada e do seu estado social atual e uma *conclusão ou parecer social*, que deve sintetizar a situação, conter uma breve análise crítica e apontar conclusões ou indicativos de alternativas, do ponto de vista do Serviço Social, isto é, que expresse o posicionamento profissional em face da questão em estudo. Sempre que o profissional considerar necessário, é importante fazer uso de esclarecimentos e conceituações com apoio bibliográfico, de maneira a elucidar e dar maior sustentação a alguma de suas afirmações e conclusões.

O laudo não necessita expressar o detalhamento dos conteúdos do estudo realizado, o qual pode ser documentado por meio de registros diversos e permanecer devidamente arquivado no espaço de trabalho do profissional. Exceção feita às situações em que este avaliar como imprescindível a apresentação mais detalhada, para maior clareza de entendimento, sempre em conformidade com as diretrizes e princípios éticos da profissão.

6. Parecer social

O parecer social diz respeito a esclarecimentos e análises, com base em conhecimento específico do Serviço Social, a uma questão ou questões relacionadas a decisões a serem tomadas. Trata-se de exposição e manifestação sucinta, enfocando-se objetivamente a questão ou situação social analisada e os objetivos do trabalho solicitado e apresentado; a análise da situação, referenciada em fundamentos teóricos, éticos e técnicos, inerentes ao Serviço Social

— portanto, com base em estudo rigoroso e fundamentado — e uma finalização, de caráter conclusivo ou indicativo. No âmbito do Sistema Judiciário, o parecer pode ser emitido como parte final ou conclusão de um laudo, ou como resposta a consulta ou a determinação da autoridade judiciária a respeito de alguma questão constante em processo já acompanhado pelo profissional. O fato de um parecer ser conclusivo não significa necessariamente que deve indicar a medida legal a ser tomada, mas sim que deve expressar claramente a perspectiva profissional em relação à situação analisada.

7. Leituras afins

Indicam-se a seguir alguns textos que enfocam a temática "estudo social" — tanto sobre sua forma quanto aos fundamentos que devem embasá-lo. Essas indicações visam tão somente informar aos interessados a respeito de algumas possibilidades de aprofundamento do conhecimento, não esgotando, certamente, o assunto e as sistematizações a respeito.

1. FÁVERO, Eunice T. As práticas judiciárias no âmbito da Justiça da Infância e Juventude: proteção *x* controle. In: ______. *Rompimento dos vínculos do pátrio poder*: condicionantes socioeconômicos e familiares. São Paulo: Veras, 2001. E na versão revista e atualizada: *Questão social e perda do poder familiar*. São Paulo: Veras, 2007.

O trabalho analisa as práticas judiciárias, em especial o Serviço Social no campo judiciário, destacando suas possibilidades e suas contradições — como exercício do controle das expressões da questão social ou como possibilitadoras da garantia de direitos, fundamentais e sociais. Algumas ideias presentes no conteúdo desse texto foram expostas na primeira parte deste trabalho.

2. FÁVERO, Eunice T. Instruções sociais de processos, sentenças e decisões. In: CFESS/ABEPSS (Org.). *Serviço Social*: direitos sociais e competências profissionais. Brasília: CFESS/ABEPSS, 2009.

Esse texto aborda a instrução social como parte da instrução processual, que comporta conhecimentos da área de Serviço Social, em especial a realidade socioeconômica e cultural dos sujeitos que se tornam personagens das ações processuais. Conhecimentos que, registrados em informes, relatórios, laudos ou pareceres, dão suporte a decisões e sentenças judiciais, as quais, na maioria das vezes, determinam mudanças de histórias de vida. O texto é parte de coletânea que reuniu material pedagógico do curso de especialização de mesmo nome, realizado pelo CFESS e ABEPSS.

3. MAGALHÃES, Selma M. *Avaliação e linguagem*: relatórios, laudos e pareceres. São Paulo: Veras, 2003.

O texto apresenta reflexões sobre o uso do instrumental técnico, com enfoque na linguagem como instrumento privilegiado dos profissionais que atuam na área dos cuidados e da intervenção, e no caráter avaliativo que perpassa esse trabalho, em especial no espaço forense. Distingue os instrumentos utilizados nas interações diretas (entrevista, visita, grupo) dos utilizados nas interações indiretas (relatórios, laudos) e oferece estratégias para a produção de um texto, quanto ao seu conteúdo e à redação.

4. IAMAMOTO, Marilda V. O Serviço Social na contemporaneidade. In: *O Serviço Social na contemporaneidade:* trabalho e formação profissional. São Paulo: Cortez, 1998.

Iamamoto trata do Serviço Social como processo de trabalho, analisando a produção da questão social e suas "repercussões no mercado de trabalho do assistente social", a prática do Serviço Social — com ênfase no objeto, nos instrumentos e na atividade de trabalho — e as alternativas ético-políticas que se colocam contemporaneamente à profissão.

5. MIOTO, Regina Célia T. Estudos socioeconômicos. In: CFESS/ABEPSS (Org.). *Serviço Social:* direitos sociais e competências profissionais. Brasília: CFESS/ABEPSS, 2009.

A autora busca contribuir com o aprofundamento do debate sobre os estudos socioeconômicos como competência profissional do assistente social, com vistas à qualificação dessa ação e a produção de referências para sua operacionalização. O texto é parte de coletânea que reuniu material pedagógico do curso de especialização de mesmo nome, realizado pelo CFESS e ABEPSS.

6. MIOTO, Regina Célia T. Perícia social: proposta de um percurso operativo. *Serviço Social & Sociedade,* especial "Temas Sociojurídicos". São Paulo: Cortez, n. 67, 2001.

A autora se propõe a "oferecer um percurso operativo que facilite a compreensão da lógica do processo da perícia social e coloque em discussão alguns elementos que estão presentes nesse processo".

Bibliografia

ABBAGNANO, Nicola (Org.). *Dicionário de filosofia*. Trad. Alfredo Bosi. São Paulo: Martins Fontes, 1998.

ABESS/CEDEPSS. Diretrizes gerais para o curso de Serviço Social. Formação profissional: trajetórias e desafios. *Cadernos ABESS*, São Paulo, Cortez, n. 7, edição especial, 1997.

ADDUCCI, João B. O Serviço Social no Poder Judiciário. In: ______ et al. *O menor e seus direitos*: audiências interprofissionais. São Paulo: Lex, 1982.

BAPTISTA, Myrian V. A ação profissional no cotidiano. In: MARTINELLI, Maria L. (Org.). *O uno e o múltiplo nas relações entre as áreas do saber*. São Paulo: Cortez/Educ, 1995.

BORGIANNI, Elisabete. Para entender o Serviço Social na área sociojurídica. *Serviço Social & Sociedade*, edição especial "Área Sociojurídica", São Paulo, Cortez, n. 115, 2013.

CARDOSO, Isabel C. da C. et al. Proposta básica para o projeto de formação profissional — novos subsídios para o debate. Formação profissional: trajetórias e desafios. *Cadernos ABESS*, São Paulo, Cortez, n. 7, n. 115, 1988.

CFESS. Código de Ética do/a Assistente Social. Legislação e Resoluções sobre o trabalho do/a assistente social. Brasília: CFESS, 2011.

CFESS. Lei n. 8.662, de 7 de junho de 1993. Dispõe sobre a profissão de assistente social, com alteração introduzida pela Lei n. 12.317, de 26 de agosto de 2010. Legislação e resoluções sobre o trabalho do/a assistente social. Brasília: CFESS, 2011.

CFESS. Resolução n. 557/2009. Dispõe sobre a emissão de pareceres, laudos, opiniões técnicas conjuntos entre o assistente social e outros profissionais. Disponível em: <http://www.cfess.org.br/arquivos/Resolucao_CFESS_557-2009.pdf>. Acesso em: 11 nov. 2013.

______. Resolução n. 559/2009. Dispõe sobre a atuação do assistente social, inclusive na qualidade de perito judicial ou assistente técnico, quando convocado a prestar depoimento como testemunha, pela autoridade competente. Disponível em: <http://www.cfess.org.br/arquivos/Resolucao_CFESS_559-2009.pdf>. Acesso em: 7 nov. 2013.

CRESS 7ª R-RJ. *Assistente Social:* ética e direitos. 3. ed. atual. Rio de Janeiro: 2001.

DONZELOT, Jacques. *A polícia das famílias*. Trad. M. T. da Costa Albuquerque. Rio de Janeiro: Graal, 1986.

FALEIROS, Vicente de P. *Saber profissional e poder institucional.* São Paulo: Cortez, 1985.

FÁVERO, Eunice T. Instruções sociais de processos, sentenças e decisões. In: CFESS/ABEPSS (Org.). *Serviço Social*: direitos sociais e competências profissionais. Brasília: CFESS/ABEPSS, 2009.

______. *Questão social e perda do poder familiar*. São Paulo: Veras, 2007.

______. *Rompimento dos vínculos do pátrio poder*: condicionantes socioeconômicos e familiares. São Paulo: Veras, 2001.

______. *Serviço Social, práticas judiciárias, poder*. São Paulo: Veras, 1999.

FÁVERO, Eunice T. et al. *Realidade social, direitos e perda do poder familiar*: desproteção social e barbárie. Relatório de pesquisa. São Paulo: NEPPSF, 2013. (Digitalizado.)

______. Considerações sobre o "estudo social". *O Serviço Social e a realidade da criança e do adolescente.* São Paulo, Caderno 1/CRESS-SP, 2003.

______. *Perda do pátrio poder*: aproximações a um estudo socioeconômico. São Paulo: Veras, 2000.

FOLHA DE S.PAULO. Desemprego e drogas levam pais à Justiça. São Paulo, 12 out. 2002, caderno 7.

GUERRA, Yolanda. *A instrumentalidade do Serviço Social.* São Paulo: Cortez, 1995.

GUERRIERO, M. A. Do estudo social e do relatório social. In: ______ et al. *Menores*. São Paulo: Revista dos Tribunais, 1985.

HELLER, Agnes. *O cotidiano e a história*. Trad. Carlos N. Coutinho e Leandro Konder. Rio de Janeiro: Paz e Terra, 1985.

HOLANDA FERREIRA, Aurélio B. de. *Novo Dicionário Aurélio da língua portuguesa*. 2. ed. rev. e ampl. Rio de Janeiro: Nova Fronteira, 1986.

IAMAMOTO, Marilda V. *O Serviço Social na contemporaneidade:* trabalho e formação profissional. São Paulo: Cortez, 1998.

______. O debate contemporâneo do Serviço Social e a ética profissional. In: BONETTI, Dilséa A. (Org.). *Serviço Social e Ética:* convite a uma nova práxis. São Paulo: Cortez, CFESS, 1988.

KFOURI, Nadir G. *Teoria do Serviço Social de casos:* aspectos básicos. Escola de Serviço Social de São Paulo — PUC-SP, São Paulo, 1969. (Col. Biblioteca PUC-SP.)

MAGALHÃES, Selma M. *Avaliação e linguagem:* relatórios, laudos e pareceres. São Paulo: Veras, 2003.

______. *Os laudos sociais na comunicação forense:* caminhos e descaminhos. Dissertação (Mestrado em Serviço Social) — PUC-SP, São Paulo, 2001.

MIOTO, Regina C. T. Estudos socioeconômicos. In: CFESS/ABEPSS (Org.). *Serviço Social:* direitos sociais e competências profissionais. Brasília: CFESS/ ABEPSS, 2009.

______. Perícia social: proposta de um percurso operativo. *Serviço Social & Sociedade*, "Temas Sociojurídicos", São Paulo, Cortez, n. 67, especial, 2001.

NEGRÃO, Theotonio. *Código de Processo Civil*: e legislação processual em vigor. 30. ed. São Paulo: Saraiva, 1999.

NETTO, José P. Razão, ontologia e práxis. *Serviço Social & Sociedade*, São Paulo, Cortez, n. 44, 1994.

RIOS. Teresinha A. *Ética e competência*. São Paulo: Cortez, 1993.

ROSA, Guimarães. *Grande Sertão: Veredas*. Rio de Janeiro: Nova Fronteira, 1986.

TERRA, Sylvia H. Parecer Jurídico n. 10/12, CFESS, 2012. (Digitalizado.)

2

O parecer social

Um instrumento de viabilização de direitos (Relato de uma experiência)

Marinete Cordeiro Moreira*
Raquel Ferreira Crespo de Alvarenga**

* Assistente social do INSS/RJ; mestra em Serviço Social/UERJ.
** Assistente social do INSS/PB; mestra em Política Social/UFPB.

1. Introdução

O presente texto, revisado e atualizado, tem como propósito fazer reflexões sobre a utilização do instrumento técnico — parecer social — pelos/as assistentes sociais que atuam no âmbito da política previdenciária pública. Não pretendemos esgotar o tema, que é dinâmico, exigindo do profissional uma constante e contínua capacitação, com aprimoramento profissional compromissado com a qualidade do parecer social emitido, o que envolve o direcionamento para a ampliação de direitos.

A previdência social brasileira abrange o Regime Geral de Previdência Social (RGPS) e Regimes Próprios de Previdência Social (RPPS) (servidores públicos civis, no âmbito municipal, estadual e federal) e Regime Próprio de Servidores Militares, além de dois regimes de previdência complementar privados: fechado (fundos de pensão) e o aberto.

O presente artigo volta-se para reflexões referentes à utilização do parecer social no Regime Geral de Previdência Social cujo órgão operacionalizador é o Instituto Nacional de Seguro Social (INSS), e a responsabilidade abrange o reconhecimento de direitos e manutenção de benefícios previdenciários e os serviços de Reabilitação Profissional e Serviço Social. É responsabilidade também do INSS a operacionalização do Benefício Assistencial (BPC) previsto na Lei Orgânica de Assistência Social.

O Serviço Social no INSS é definido através da Lei n. 8.213, de 24/7/1991 no artigo 88 dispõe: "Compete ao Serviço Social esclarecer junto aos beneficiários seus direitos e os meios de exercê-los e estabelecer conjuntamente com eles o processo de solução dos problemas que emergirem de sua relação com a previdência social, tanto no âmbito interno da instituição como na dinâmica da sociedade".

A partir dessa competência acima descrita, a ação prioritária do Serviço Social pauta-se na ótica da inclusão social e da cidadania, contribuindo para formação de uma consciência coletiva de proteção social, com a participação dos trabalhadores no controle efetivo desta política. Esta diretriz está consubstanciada na Matriz Teórico-Metodológica do Serviço Social do INSS, cujo compromisso é "[...] a construção e reconstrução permanente teórico-metodológica, visando efetivá-la no jogo das forças políticas presentes" (MPAS/MTSS, 1994, p. 15).

A Matriz destaca o caráter contraditório do Serviço Social nas relações sociais de produção, inseridas na divisão sócio-técnica do trabalho, onde o fazer profissional é

> expresso na compreensão do serviço social como fenômeno histórico, determinado na realidade social pelas relações sociais de produção, pelos encaminhamentos políticos e na possibilidade e competência técnica do serviço social redefinir-se e legitimar-se na ótica de interesse do usuário (MPAS/MTSS, 1994, p. 15).

Dentro desta ótica, faz-se necessário termos nitidez sobre a importância da política previdenciária no nosso país, marcado historicamente pela desigualdade social, aumento da pobreza e do mercado informal, aprofundados pelo processo de reestruturação produtiva e da globalização em escala mundial, como também sermos intransigentes na defesa da previdência social, enquanto política pública, compondo o tripé da Seguridade Social, diante da lógica de implantação de planos de mercantilização e redimensionamento do papel do Estado.

Iamamoto (2002) destaca a importância de ter presente

> que foram as lutas sociais que romperam o domínio privado nas relações entre capital e trabalho, extrapolando a questão social para a esfera pública, exigindo a interferência do Estado no reconhecimento e a legalização de direitos e deveres dos sujeitos sociais envolvidos, consubstanciados nas políticas e serviços sociais (2002, p. 26-27).

A previdência social pública permanece em disputa pelo mercado, sob a égide do capital financeiro. Neste cenário intensifica-se a importância do fundo público em favor da garantia da acumulação do lucro, tornando-o, fundamental para a sustentabilidade do capital financeiro. Este precisa desestruturar o Estado-providência, pois o fundo público precisa, cada vez mais, fazer parte da margem do lucro (Oliveira, 1988).[1]

Boschetti (2012) nos alerta que "compreender a relação entre crises e políticas sociais, portanto, torna-se imprescindível para lutar contra a usurpação do fundo público para salvar o capital

1. Ver Oliveira, Francisco. O surgimento do antivalor: capital força de trabalho e fundo público". In: ______. *Os direitos do antivalor*. Petrópolis: Vozes, 1988.

uma vez que este é constituído majoritariamente por impostos indiretos que incidem sobre o trabalho e menos sobre a propriedade" (2012, p. 36). Nesta perspectiva são emblemáticos, por exemplo, a criação do fundo de pensão dos servidores federais e a desoneração do empregador no que se refere às contribuições previdenciárias, em diferentes segmentos econômicos. Registramos também a velha e sempre usada fórmula de restringir ou banir direitos da classe trabalhadora duramente conquistados e tão combatidos pela mídia burguesa, em nome do equilíbrio atuarial e do combate ao déficit da previdência social, desconsiderando solenemente os próprios dispositivos constitucionais referente ao financiamento da seguridade social. É importante o registro, inclusive, sobre a não pertinência do tão propagado déficit, mas sim a existência do superávit no orçamento da seguridade social e a utilização deste superávit para cobrir juros da dívida pública e custear outras despesas, com respaldo na existência da Desvinculação Receita União (DRU) com apontam diversos estudos.[2]

É com a lógica da aniquilação de direitos da classe trabalhadora e atratividade para o mercado, que o processo de contrarreforma da previdência social se deu, nas últimas décadas, sem reversão na conjuntura atual, enfatizando a visão securitária e individual em confronto ao modelo de repartição e solidariedade de classes, presentes, mesmo que embrionariamente, na concepção de previdência social na Constituição Federal de 1988.

Lopes (2012, p. 458) ressalta a importância de não aceitação deste cenário ao afirmar que a

---

2. Ver estudos da ANFIP/Associação Nacional dos Auditores-Fiscais da Receita Federal do Brasil; Boschetti e Behring (2003), dentre outros.

previdência social, como uma política social, não pode ser tratada pelas diretrizes macroeconômicas fundamentalmente como um instrumento dinamizador da economia, e os fundos de pensão como poupanças internas úteis ao desenvolvimento econômico do país. Ela precisa ser vista como elemento indissociável do trabalho [...].

Estas breves reflexões visam enfatizar a importância do desenvolvimento do trabalho profissional que possa contribuir para desmistificar a tentativa de naturalizar relações sociais e de responsabilizar o indivíduo pela sua própria proteção social, apartando este, inclusive, do pertencimento de classe. O serviço social do INSS ao defender, nas suas diretrizes profissionais, o compromisso com os direitos dos trabalhadores e com a previdência pública de qualidade, em consonância com o projeto ético-político construído e em construção permanente, adota a concepção de previdência social como política pública de proteção social, com caráter universal e redistributiva, com a participação e controle social dos trabalhadores (MPAS/MTSS, 1994, p. 15).

A ação profissional do assistente social constitui-se como respostas as necessidades sociais, envolvendo três dimensões[3] que a formam e que se entrelaçam, quais sejam: a dimensão ético-política, a dimensão teórico-metodológica e a dimensão técnica-operativa. Essas dimensões norteiam a direção social do trabalho cotidiano.

Na dimensão ético-política o posicionamento político é fundamental, já que a neutralidade inexiste. Ter clareza da direção social que norteia nossa prática, assumindo os valores e princípios

3. De acordo com as diretrizes curriculares para os cursos de Graduação em Serviço Social, propostas pela ABEPSS, essas três dimensões formam o pilar da formação profissional para o exercício profissional dos assistentes sociais.

éticos contidos no Código de Ética é outra exigência presente. Na dimensão teórico-metodológica é necessário o conhecimento e a capacitação continuada para compreender e desvelar a dinâmica da sociedade e seus fenômenos na perspectiva de construir novas possibilidades profissionais, além das demandadas historicamente. Por fim, temos a dimensão técnico-operativa, que para Netto (1996, p. 124), dentro das exigências para a profissão, está a

> necessidade de elaborar respostas mais qualificadas (do ponto de vista operativo) e mais legitimadas (do ponto de vista sociopolítico) para as questões que caem no seu âmbito de intervenção social.

Isto exige a apropriação de um conjunto de conhecimento e de habilidades técnicas para desenvolver as ações profissionais com a adoção de uma concepção de totalidade que permita ir além do aparente, do imediato e da lógica tecnicista tão em voga na operacionalização das políticas sociais nos tempos atuais.

A importância de ficarmos atentas às três dimensões e compreendê-las como intrinsecamente interligadas, também é ressaltada por Lúcia Lopes (2000), quando se refere as exigências contemporâneas para o exercício profissional, que passam fundamentalmente pelas mesmas: consistente conhecimento teórico-metodológico, compromissos ético-políticos e capacitação técnico-operacional. Essas dimensões nos remetem para a necessidade de um resgate permanente e contínuo dos princípios elencados no Código de Ética,[4] fundados em valores

4. São onze os princípios do Código de Ética: Liberdade, Defesa dos Direitos Humanos, Ampliação e Consolidação da Cidadania, Defesa da Democracia, Equidade e Justiça Social, Empenho na Eliminação de todas as formas de Preconceito, Garantia do Pluralismo, Projeto

democráticos e humanistas. Como também nos leva a necessidade de ir além da visão legalista que marca acentuadamente a operacionalização da política previdenciária, combatendo o caráter aparentemente neutro e tecnicista, tão comum em práticas passadas.

A emissão de um parecer social nos leva à reflexão das dimensões acima, uma vez que o mesmo envolve os vários aspectos do fazer profissional, e quando emitimos a nossa opinião profissional, o fazemos com respaldo no estatuto profissional construído historicamente.

Lúcia Barroco nos propõe as seguintes indagações sobre este instrumento: "a que ele se destina com quem ele se compromete e a qual a direção política do seu produto? Ele é um instrumento de realização dos direitos dos cidadãos, um meio de realização do compromisso profissional com os usuários, tendo em vista a justiça social?" (Barroco, 1994, p. 1). Essas indagações vem de encontro com o pensamento de Sarmento (2013) quando afirma que o instrumento é sempre orientado por um determinado conhecimento, uma teoria social, ou seja, é sempre utilizado intencionalmente. É através do instrumento que vamos experimentando a teoria social, o que nos leva a afirmar mais uma vez a inexistência da neutralidade.

Ao emitir um parecer social, o assistente social precisa ter clareza dessas questões, pois, como afirma Yazbek ao desvelar a mediação Estado, instituição e classes subalternas é que se dará a compreensão das

Profissional, Articulação, Compromisso com a qualidade dos serviços prestados e Exercício do Serviço Social sem ser discriminado, nem discriminar.

políticas sócio-assistenciais como espaços contraditórios onde, se ocorre o controle, o enquadramento dos subalternos, também ocorre a luta por direitos de cidadania e também, embora de modo precário, o acesso real a serviços e recursos que essa população não consegue alcançar (Yazbek, 1999, p. 95).

2. Fundamentação legal na profissão e na legislação previdenciária

As competências e atribuições dos profissionais de Serviço Social estão presentes na Lei n. 8.662/93, que regulamenta a profissão de assistente social no país. Para Iamamoto (2001) essas competências e atribuições não podem ser desvinculadas dos processos sócio-históricos, devendo ser levadas em consideração no trato das novas demandas profissionais e do redimensionamento do espaço profissional decorrentes das configurações da sociedade contemporânea. Devido à especificidade do tema aqui refletido, destacamos da referida lei os artigos 4º e 5º. O artigo 4º estabelece como competência do assistente social no inciso XI — "realizar estudos sócio-econômicos com os usuários para fins de benefícios e serviços sociais junto a órgãos da administração pública direta e indireta, empresas privadas e outras entidades". No artigo 5º, que se refere às atribuições privativas do assistente social, no inciso IV, estabelece-"realizar vistorias, perícias técnicas, laudos periciais, informações e pareceres sobre a matéria de serviço social".

Estes artigos apontam questionamentos que ultrapassam a fundamentação legal. Ressalta Iamamoto (2002) que a maior dificuldade para o assistente social na identificação do caráter privativo, não é na descrição da atividade desenvolvida, mas na definição do que é matéria, área ou unidade de serviço social. Responder a este desafio envolve a construção de um projeto profissional, assim

> [...] a prerrogativa de autoqualificação da profissão é dos seus agentes especializados e de seus organismos representativos que, em determinados contextos societários, confirmam a necessidade ou utilidade social dessa especialização do trabalho (Iamamoto, 2002, p. 18).

O projeto profissional deve considerar a articulação de uma dupla dimensão:

> De um lado, as condições macrossocietárias que estabelecem o terreno sócio-histórico em que se exerce a profissão, seus limites e possibilidades; e, de outro lado, as respostas técnico-profissionais e ético-políticas dos agentes profissionais nesse contexto, que traduzem como esses limites e possibilidades são analisados, apropriados e projetados pelos assistentes sociais... (Iamamoto, 2002, p. 19).

No quarto parágrafo desse texto colocamos a legislação que legitima e legaliza institucionalmente o Serviço Social no âmbito do INSS. Além da referida Lei, elencamos o Decreto n. 3.049/1999, a Instrução Normativa n. 45/2010, o Decreto n. 6.214/2007, a Matriz Teórico-Metodológica do Serviço Social (1994) e a Resolução n. 203/2012, que aprova o Manual Técnico do Serviço Social.

Esses atos normativos definem entre outras questões, as ações profissionais, as linhas de ações e os instrumentos técnicos utilizados pelo assistente social do INSS. No capítulo VI do Manual Técnico elenca que os instrumentos são: parecer social, pesquisa social, estudo exploratório dos recursos sociais e a avaliação social.[5]

O parecer social, enquanto instrumento da intervenção profissional dos/as assistentes sociais do INSS é definido como "a opinião profissional do assistente social, com base na observação e estudo de uma dada situação, fornecendo elementos para a concessão de um benefício, recurso material e decisão médico-pericial" (MPAS/MTSS, 1994, p. 25-26). No Manual Técnico a definição consiste "no pronunciamento técnico do assistente social, com base no estudo de determinada situação, e tem como objetivo fornecer elementos para reconhecimento de direitos, manutenção e recurso de benefícios e decisão médico-pericial". Mas também podemos defini-lo como um instrumento de viabilização de direitos, um meio de realização do compromisso profissional com os usuários, tendo em vista a equidade, a igualdade, a justiça social e a cidadania. Para Mioto (2001, p. 155) o parecer social refere-se

> a opinião fundamentada que o assistente social emite sobre a situação estudada. Tal opinião estará baseada na análise realizada e desta deverá conter os aspectos mais pertinentes, pois são eles que darão sustentação ao parecer.

5. A avaliação social, em conjunto com a avaliação médica, compõe o instrumento de avaliação da deficiência e do grau de impedimento das pessoas com deficiência requerentes do BPC. Ver Decreto n. 6.214/2007 e alterações posteriores. Para Alvarenga e Cavalcanti (2012) a avaliação social é um instrumento técnico operacional, utilizado pelo assistente social/INSS no estudo de situações sociais, com o objetivo de avaliar, [...], a deficiência e o grau de impedimento das pessoas com deficiência que buscam acesso ao Benefício de Prestação Continuada da Assistência Social. Devido a relevância que a avaliação social ocupa no fazer profissional do assistente social/INSS, a mesma tem sido objeto de estudo e reflexão das autoras, que no momento estão em fase de elaboração de artigo sobre a temática.

Em todas estas definições, o que destacamos é a necessidade de ter nítido o objetivo a que se propõe o estudo, os aspectos mais relevantes presentes considerando o objetivo proposto e por fim, a emissão da opinião profissional considerando o objetivo e os aspectos relevantes adotados, conforme discorremos no presente texto.

Introduzido como instrumento da ação profissional dos assistentes sociais do INSS a partir do Decreto n. 611/1992 e da Ordem de Serviço n. 506/1995, visando subsidiar a concessão de benefícios previdenciários, a emissão do parecer social sofreu ao longo dos últimos anos diversas restrições legais. Essas restrições[6] não estão e não são isoladas dos ataques sofridos na manutenção e ampliação dos direitos previdenciários e compõem a política implantada nos últimos anos, pelos diversos governos, que seguindo o modelo neoliberal, retiram direitos da classe que vive do trabalho, trazendo para a política previdenciária à lógica do seguro em detrimento da concepção de proteção social redistributiva, contida na seguridade social. É importante frisar que essas restrições à emissão do parecer social ocorreram paralelamente à tentativa governamental de extinguir o Serviço Social dos quadros institucionais no INSS.

No quadro a seguir detalhamos esta restrição através dos vários atos normativos, todos em nossa opinião, ferindo a Lei n. 8.213, em seu artigo 88.

6. Sobre o assunto consultar trabalho das autoras Cabral e Cartaxo (2007); Lopes (2012); Moreira (2008).

Decretos	Ordens de Serviços e instruções normativas	Situações	Observações
Nº 611/92	506/95	1 — Caracterização de dependência econômica para fins de pensão por morte ou auxílio-reclusão, pleiteada pelos pais e irmãos. 2 — Caracterização de união estável para fins de pensão por morte ou auxílio-reclusão para companheira(o). 3 — Caracterização de intercorrências sociais no agravamento das patologias, visando subsidiar decisão da perícia médica.	Para corroborar na ausência e/ou insuficiência de provas documentais.
Nº 2.172/97		Nas situações 1 e 2 mais apenas para corroborar e não mais na ausência de provas.	Só para corroborar nas duas situações.
Nº 3.048/99		— Caracterização de dependência econômica (pensão para pais e irmãos).	Só para corroborar. Nada cita em relação à união estável.
	IN 84/2000	Não especifica situações, mas fala genericamente para subsidiar decisão de benefícios.	
	IN 45/2010	Não especifica situações, mas fala genericamente para subsidiar decisão de benefícios. No capítulo referente ao Serviço Social.	
	Resolução n. 203/2012	Não especifica situações, mas fala genericamente para fornecer elementos para reconhecimento de direitos, manutenção e recursos de benefícios e decisão médico-pericial.	

Mesmo com todas essas restrições, os profissionais assistentes sociais procuraram estabelecer estratégias visando garantir a utilização desse importante instrumento da ação profissional. Destacamos que uma delas foi emiti-lo por iniciativa própria na fase de concessão, hoje reconhecimento de direitos, como também na fase de recurso.

Com o retorno a estrutura organizacional,[7] após luta coletiva da categoria — o que permitiu a implantação de representações técnicas em âmbito nacional e nas 104 gerências executivas do país, além da existência de representações regionais, mesmo que estas últimas não estejam previstas na estrutura formal —, possibilitou a publicação do Manual Técnico, atualizando a utilização do parecer social, dentre outros. Novas demandas foram surgindo no que diz respeito à emissão do parecer social, o que respalda nosso entendimento quanto à importância e a fundamental permanência desse instrumento de ação para viabilização de direitos.

3. Principais situações de emissão do parecer social

Desde a sua implantação, na década de 1990 do século passado, a emissão do parecer social na política previdenciária se dá em três situações: dependência econômica, união estável e nas intercorrências sociais. Podendo ser solicitado por alguns setores da instituição, como setores de benefícios e perícia médica, pela

7. Ver entrevista da assistente social Ermelinda Christiane Anunciação de Paula no livro O Serviço Social na Previdência: trajetória, projetos profissionais e saberes. São Paulo: Cortez, 2007.

Junta de Recursos da Previdência Social e emitido por iniciativa do próprio assistente social. No Manual Técnico não foram registradas as especificidades das situações que demandariam a emissão do parecer social, ficando de forma genérica. Essa abertura apresenta, no primeiro momento, uma perspectiva de ampliação do alcance da emissão, mas nas contradições e limites existentes no interior da instituição, pode ser uma restrição e/ou desvalorização desse instrumento.

Com o advento do Benefício de Prestação Continuada/BPC[8] foi demandado para a categoria a emissão de parecer social em algumas situações, com destaque para os casos em que a renda *per capita* da família declarada ultrapassar os critérios[9] estabelecidos na legislação, conforme trataremos em item específico.

No que diz respeito solicitação do parecer social, ou seja, quem solicita esse instrumento, foi incluída a Procuradoria Federal Especializada e a pessoa do requerente/beneficiário. A inclusão do requerente/beneficiário é visto como um avanço, lembrando-se da importância desse usuário ter o conhecimento que pode e deve fazer essa solicitação. Vasconcelos destaca que "o acesso a um recurso e/ou informação por um sujeito social crítico, consciente, é que transforma o direito formal em direito real" (2003, p. 130 apud Marinete 2009). Registramos, que na nossa experiência, seja no trabalho cotidiano junto aos usuários, seja atuando nas ações de capacitação em serviço, junto aos assistentes sociais, só

8. Lei Orgânica da Assistência Social — Lei n. 12.435. Altera a Lei n. 8.742 que dispõe sobre a organização da assistência social. Brasília, 2011.

9. O critério estabelecido em lei é que a renda familiar *per capita* seja inferior a um quarto do salário mínimo.

temos conhecimento de um caso, em que o requerente fez essa solicitação. Daí, a importância de intensificar as ações do serviço social diante do usuário visando otimizar, inclusive, a utilização deste instrumento.

Independente das situações de emissão do parecer social faz-se necessário o retorno e o olhar nas dimensões do fazer profissional. Apresenta-nos a necessidade de trabalhar com conceitos teóricos, que demonstram o compromisso com a ampliação e viabilização do acesso aos direitos sociais. Nesta ótica, a busca da inclusão social do usuário nos leva a destacar a relação inclusão/exclusão social, adotando o entendimento de exclusão social defendido por Sposati: "... situação de privação coletiva que inclui pobreza, discriminação, subalternidade, a não-eqüidade, a não acessibilidade, a não representação pública como situações multiformes" (Sposati, 1999, p. 67), indo além dos aspectos econômicos, embora estes sejam fundamentais.

É importante estarmos atentos a concepções adotadas em tempo de políticas regressivas e focalizadas, cuja operacionalização demanda e naturalizam, muitas vezes, ações conservadoras e de controle da população usuária. Moreira (2011) ressalta que o "assistente social, enquanto trabalhador assalariado vivencia a intensificação de mecanismos de controle autoritário do processo de trabalho, com a imposição de ações profissionais que chocam com a autonomia profissional e com os princípios éticos. Isto agrava ainda mais o quadro de adoecimento e estresse relacionado ao trabalho, em uma profissão que lida cotidianamente com situações de violação de direitos e de violência, marcada pela gritante desigualdade social. Mas Iamamoto (2001) nos aponta que a realidade não pode se tornar um obstáculo para o trabalho profissional, esperando por condições ideais. A realidade não pode impossibilitar a ação. É nas adversidades que as exigências profissionais são maiores assim como os desafios apresentados.

A defesa do projeto ético político deverá nos nortear nos enfrentamentos necessários. Destacamos, que nesta perspectiva que a

> a ética profissional dá visibilidade a sociedade acerca da direção social e da qualidade do exercício profissional. Isto requer a sistematização do posicionamento e dos compromissos políticos da categoria profissional com determinados valores e princípios — assentados em referências teóricas que expressam uma dada concepção de homem e de sociedade — que se traduzem em normas e diretrizes para a atuação profissional presentes no Código de Ética (Brites e Sales, 2007, p. 9).

3.1 Dependência Econômica

A pensão por morte e o auxílio-reclusão são benefícios elencados no Regime Geral da Previdência Social. Garantida em lei, nos casos onde não existam os dependentes preferenciais — esposo(a), companheiro(a) e filhos(as) —, os pais e irmãos podem requerer a pensão por morte e auxílio-reclusão desde que comprovem a dependência econômica.

Para comprovação da dependência econômica, o requerente deve apresentar no mínimo três provas documentais,[10] que enten-

10. Alguns documentos necessários: declaração de dependência em imposto de renda, planos de saúde, associações e clubes recreativos, prova do mesmo domicílio, conta bancária conjunta etc.

demos como inexistentes e inacessíveis para grande parte da população usuária que cotidianamente procuram as Agências da Previdência Social (APS), por representar documentação que retratam um determinado padrão econômico muito acima da maioria da população. É justamente, neste sentido, que a possibilidade da emissão do parecer social é e foi extremamente relevante. Antes da intensificação da contrarreforma, conforme demonstrado no quadro específico, o parecer social nestas situações, por ser considerado como suficiente na comprovação de dependência econômica, se constituía em um grande aliado para o acesso de mães, pais e irmãos de segurados aos benefícios previdenciários voltados para os dependentes. Hoje, a sua utilização, mesmo no sentido de subsidiar decisões dos setores de benefício, ainda se constitui como instrumento que deve ser potencializado a emissão, inclusive por iniciativa do próprio profissional.

Ao emitir o parecer social visando caracterizar a dependência econômica, devemos observar alguns conceitos estudados na dimensão teórica-metodológica. Tais como, a queda do padrão familiar após o óbito ou reclusão do usuário, principalmente quando o usuário tinha vínculo empregatício. Nas situações de usuário sem vínculo empregatício, ao falecer, devemos abordar, como elementos relevantes, aqueles que favoreçam a inclusão da família no atendimento das necessidades sociais básicas para uma vida digna. Nesse sentido,

> necessidades básicas são aquelas indispensáveis à manutenção digna de vida, ou sejam, materiais, psicológicos e culturais, determinadas historicamente em cada sociedade, de acordo com o grau de satisfação de cada grupo social (MPAS/MTSS, 1994, p. 26).

Destacamos a importância da categoria trabalho enquanto elemento relevante. Ressaltamos que perpassa para as solicitações de intercorrências sociais e comprometimento de renda.

A adoção da concepção de trabalho como central na constituição do ser social nos remete a necessidade de entender o processo das relações sociais presentes na sociedade, na qual a historicidade e contradição são elementos essenciais na análise empreendida. É através do trabalho que "o homem cria, transforma e dá sentido ao mundo, mesmo na sociedade contemporânea, capitalista, ele seja um trabalho alienado" (Sarmento, 2013, p. 114). Na sociedade capitalista é fundamental o desvelamento do processo de exploração, na forma de extração da mais valia da classe trabalhadora pelo capital, que detém os meios de produção e a compra da força de trabalho. Este processo vem recheado, na sociedade contemporânea, de adereços aparentes, que buscam escamotear, muitas vezes, expressões da questão social, que ganham contornos específicos e assustadores em tempos complexos.

Falar de previdência social é abordar a categoria trabalho, essa relação é fundamental. De que trabalho estamos nos referindo? O trabalho formal, informal, terceirizado, desumano e precário. Trabalho como direito do ser humano, categoria indispensável para compreensão da atividade econômica, que faz referência ao próprio modo dos seres humanos na sociedade.

Outros elementos relevantes também devem ser lembrados, como o grupo familiar, o acesso aos serviços e políticas sociais, inclusive políticas de acesso ao trabalho.

3.2 União estável

A união estável, aqui entendida pela relação entre o homem e a mulher sem o reconhecimento da legislação, ou seja, o casamento civil. Para a Constituição Federal, no artigo 226, essa diferença inexiste, uma vez que reconhece a união estável assegurando a proteção do Estado.

A legislação previdenciária não reconhece esse princípio constitucional imprimindo critérios diferenciados no momento do reconhecimento do direito ao benefício pensão por morte ou auxílio reclusão aos dependentes designados na legislação previdenciária na qualidade de companheiro(a).[11] Exige-se a apresentação de provas documentais, como no caso da dependência econômica, que normalmente são provas inalcançáveis para a maioria da população brasileira (ver nota de rodapé número 8).

A emissão do parecer social para caracterizar a união estável anteriormente era considerada inclusive nas situações de ausência ou insuficiência de prova. Atualmente subsidia decisões dos setores de benefícios, responsável pela concessão de pensões por morte e auxílios reclusões, sem caracterizar como uma das provas prevista na legislação. É interessante ressaltar que a Divisão de Serviço Social existente logo após a reestruturação organizacional do Serviço Social, em 2003, buscou diferentes ações visando res-

11. A legislação previdenciária, por decisão do poder judiciário, através de uma ação civil pública, inclui, no rol dos dependentes preferenciais, o companheiro do mesmo sexo. Mas a caracterização do mesmo, nesta situação específica, não se dá pela união estável e sim pela dependência econômica, demonstrando que, apesar dos avanços na conquista dos direitos previdenciários, ainda há lacunas.

gatar o papel do parecer social no reconhecimento destes direitos. As autoras participaram destas ações, que envolveu elaboração de documentos, constituição de processo junto ao INSS e ao Ministério de Previdência Social e reuniões com gestores e procuradoria federal. Apesar de posicionamento favorável pela então Procuradoria Federal, respaldando tal posição inclusive a Lei que regulamenta a profissão, não houve aceitação dos gestores da área de benefícios tanto presente no INSS quanto no MPS. Estes registros visam demonstrar a lógica restritiva e tecnicista presente no processo de reconhecimento dos direitos previdenciários em tempos de contrarreformas. As autoras desconhecem outras ações de continuidade a este processo que tenham sido realizadas pela Divisão de Serviço Social com as mudanças de chefia, a partir de 2009.

A emissão do parecer social para caracterizar a união estável nos casos de ausência ou insuficiência de provas documentais requer do profissional um olhar atento ao princípio contido no Código de Ética que nos remete ao "empenho na eliminação de todas as formas de preconceito, incentivando o respeito à diversidade...". Estar vigilante aos nossos preconceitos e valores é uma exigência constante, é um desafio, não emitindo julgamentos.

Nos dois casos de caracterização, tanto da dependência econômica quanto a união estável quanto ao elemento relevante um é comum a ambos: a família. Em estudo realizado por uma das autoras nos pareceres sociais emitidos na respectiva gerência de atuação essa situação é comprovada.[12] O profissional ao escolher

12. Ver artigo publicado nos anais da 19° Conferência Mundial de Serviço Social, Salvador/BA, 2008.

a família como elemento relevante deve contextualizá-la historicamente, observar o surgimento de novas composições familiares. Nesta perspectiva concordamos com Silva & Winuk, ao afirmar que "família é um grupo social com uma particularidade e com uma dinâmica específica que está sujeita as determinações sociais da macroestrutura. É o núcleo básico da produção e reprodução social que reforça o modo de produção capitalista" (Silva & Winuk, mimeo.). Assim, um dos grandes debates da sociedade contemporânea é a família. Os novos paradigmas da família. Como se configura hoje a família brasileira? Não se pode idealizar um modelo de família. Lembrando que devemos ter como referência a existência de laços afetivos para além da consanguinidade.

Nas duas situações referenciadas — dependência econômica e união estável — acrescido o comprometimento de renda, deparamos com relações às vezes conflituosas, geradoras de tensão que envolve pais/filhos.

Na união estável são relações conjugais, envolvendo vários interesses, com descobertas recente ou tardia, por um dos cônjuges, de existência de outras relações. É importante ressaltar que a história de vida de cada sujeito deve ser considerada com sua subjetividade, desejos e necessidades, mas dentro de uma perspectiva de totalidade e historicamente contextualizada e em consonância com o objetivo do estudo social em questão.

Na caracterização do comprometimento de renda, a família também é um elemento relevante que envolve situações como a não aceitação das pessoas com deficiência ou pessoas idosas pelos familiares, a exploração dessas pessoas a partir da renda oriunda do benefício, a dificuldade do familiar em dar o apoio necessário, mesmo estando presentes relações saudáveis no núcleo familiar, e até questões relacionadas a superproteção em relação a essas pessoas.

A opinião profissional, em diferentes situações deve ser emitida a partir de um arcabouço teórico e ético tendo sempre como parâmetro o direito social, a cidadania, a dignidade humana e o compromisso com a autonomia dos usuários que devem ser compreendidos como sujeitos de direitos.

Chamando a atenção, para as questões femininas, compreendendo a luta pelo reconhecimento do direito das mulheres ao benefício, na qualidade de companheiras,[13] percebemos que a emissão do parecer social contribuiu na afirmação do direito da mulher, em particular no campo da Seguridade Social, enquanto direito social. Devemos observar como esse direito influencia a vida destes atores sociais — mulheres/companheiras nos diversos segmentos sociais. Na escolha dos elementos relevantes a serem trabalhados, além dos citados acima, sugerimos a continuidade da união e a notoriedade da convivência. A coabitação sob o mesmo teto pode ser levantada, mas não é necessária; o endereço pode ser diferente, sendo, o relacionamento, contínuo.

Devemos lembrar que nos casos de união estável, a dependência econômica é presumida, e recomenda-se a sua não identificação, por ocasião da emissão do parecer social, visando o não atrelamento da caracterização de união estável a existência de

13. Em artigo apresentado no 12º CBAS intitulado: Parecer Social na Previdência Social: valorizar para viabilizar, as autoras constataram nos dados estudados que 84% dos requerentes ao benefício pensão por morte eram mulheres.

dependência econômica comprovada, posto que não é uma exigência legal e que pode levar a uma concepção restritiva no acesso ao direito.

A emissão do parece social na caracterização de união estável é realizado pelo serviço social do INSS, embora, em quantitativo pequeno e a solicitação se faz basicamente pela Junta de Recursos da Previdência Social ou por iniciativa do profissional e não pelos setores internos do INSS.

E lamentavelmente quando houve a restrição na emissão do parecer social nestas situações — de união estável e dependência econômica — por atos normativos restritivos, em função da contrarreforma, não foi possível uma publicização coletiva do fato, visando mobilizar a sociedade, em especial, os movimentos sociais relacionados a luta das mulheres, na busca de sua reversão. Isto ocorreu em função do momento conjuntural caracterizado por ataques frequentes à existência do Serviço Social no INSS e a ausência, na época, de uma centralidade técnica nacionalmente constituída, logo após a perda da estrutura organizacional, o que fragilizou ações de socialização de informações e de fortalecimento do coletivo, previstas na Matriz Teórico-Metodológica. Estas reflexões são importantes, mesmo neste momento, visando ressaltar a necessidade de publicizarmos fatos e dados, de realizarmos pesquisas, levantamentos, sobre situações vivenciadas no trabalho cotidiano junto aos usuários e a sociedade em geral. São dados que, muitas vezes, só o profissional dispõe e que podem ser instrumentos de resistência e de fortalecimento de lutas pela ampliação e manutenção de direitos. O desafio permanece.

3.3 Intercorrências sociais que interferem na origem, evolução e agravamento de situações de saúde.

A emissão de opinião profissional visando caracterizar intercorrências sociais que interferem na origem, evolução e agravamento de situações de saúde têm como objetivo subsidiar a perícia médica nas decisões de reconhecimento do direito ao auxílio-doença, aposentadoria por invalidez e aposentadoria por invalidez acidentária e mais recentemente também subsidiar a perícia na definição de majoração de 25%[14] do valor do benefício, nos casos de segurados/as já aposentados por invalidez e que necessitam da ajuda de terceiros.

A emissão do parecer social deve compreender a relação saúde/doença como decorrência das condições de vida e do trabalho, ambos historicamente construídos. A defesa do conceito ampliado de saúde, presente na reforma sanitária, passa pela compreensão da importância dos aspectos econômicos, políticos e sociais na produção de saúde e de doenças.

Reforçamos que é imprescindível a defesa do trabalho como direito universal e que o acesso ao trabalho se constitui em elemento relevante na situação analisada. Estaremos analisando a capaci-

---

14. Segundo a legislação em vigor o valor da aposentadoria por invalidez do segurado que necessitar da assistência permanente de outra pessoa será acrescida de 25%. A Lei n. 8.231 elenca no anexo I as situações que dará direito a majoração: cegueira total: Perda de nove dedos das mãos ou superior a esta; Paralisia dos dois membros superiores ou inferiores; Perda dos membros inferiores, acima dos pés, quando a prótese for impossível; Perda de uma das mãos e de dois pés, ainda que a prótese seja possível; Perda de um membro superior e outro inferior, quando a prótese for impossível; Alteração das faculdades mentais com grave perturbação da vida orgânica e social; Doença que exija permanência contínua no leito; Incapacidade permanente para as atividades da vida diária.

dade laborativa do trabalhador, considerando os desafios presentes hoje no mundo do trabalho. A desregulamentação, flexibilização e precarização historicamente existente na relação capital-trabalho, ganham novos matizes com o ideário neoliberal, nas últimas décadas, como a adoção de mecanismos cada vez mais eficazes no controle da força de trabalho, que envolve assédio moral, metas de produtividade inalcançáveis e competitivas, além da rotatividade constante, restrição de direitos e da alta informalidade nos postos de trabalho, gerando adoecimentos em larga escala.

O conhecimento da Classificação Internacional de Funcionalidade, Incapacidade e Saúde-CIF que nos apresentou os aspectos relevantes, chamados de domínios, organizados em nível individual e/ou social, contribuiu de maneira decisiva no alargamento das nossas possibilidades profissionais no momento de atender essa demanda. O nosso entendimento é que a adoção da CIF na análise da situação de deficiência no acesso ao BPC combateu uma resistência maior da perícia médica em considerar a dimensão social como importante na produção do fenômeno da incapacidade para os benefícios previdenciários, embora muito tenha que avançar visando a otimização no uso do parecer social para subsidiar decisões na definição dos benefícios por incapacidade.

Moreira (2011) destaca que diferentes dimensões da saúde, apresentadas pela CIF (biológica, individual e social) ao serem apreendidas e realmente consideradas — permitem uma visão ampliada do fenômeno saúde — doença. A compreensão deste processo, em seus múltiplos aspectos exige inclusive a análise da correlação de forças econômicas e políticas presentes em determinados contextos históricos. Segue afirmando que ao assistente social cabe resgatar e emitir a sua opinião profissional sobre a situação solicitada, enfatizado a dimensão social, dando relevância e especificidade a este olhar compreendido dentro de concepção de totalidade (2011, mimeo.).

O social, fundamental para nossa análise, é compreendido na CIF a partir das estruturas formais e informais, regras de conduta, ou sistemas predominantes na comunidade ou sociedade que tem impacto sobre a vida do indivíduo. Incluindo a existência de organizações, atividades comunitárias, órgãos governamentais, serviços de comunicação e de transporte e redes sociais, bem como leis, regulamentações, regras formais e informais e atitudes. Moreira (2011) destaca que o desempenho do cidadão é afetado por condições objetiva de que dispõe. Inclusive na condição de pertencimento a classe trabalhadora, de um país periférico, marcado pela concentração de renda e desigualdade social (2011, p. 2, mimeo.).

Assim, no entendimento, a emissão do parecer social deve pautar-se pelos seguintes elementos relevantes:

- **Situação de doença *versus* acesso a serviços de saúde**. Como se dá esse acesso. O apoio e o relacionamento com os profissionais de saúde disponíveis para atender a referida patologia. A referência e contrarreferência na rede pública de saúde. Onde se situa geograficamente esse serviço. As condições de transporte, a acessibilidade. São questões a serem trabalhadas e levantadas *a priori* como elementos relevantes;
- **Custos de tratamento *versus* renda familiar**. A questão da renda familiar é fundamental. Aqui volta a questão do grupo familiar, do apoio disponível desse grupo familiar.

De que família está inserido/a? Quem se afasta do mercado de trabalho para ser o apoio que a pessoa necessita? Esse apoio necessário para uma qualidade de vida é parcial, temporário? Existe oferta pela rede pública do cuidador? Ou a família deve assumir essa despesa onerando a renda familiar? São reflexões que devemos fazer e transformando-a ou não em elementos relevantes.

- **Motivação para retorno ao trabalho *versus* condições de trabalho.** Retorna-se a questão do trabalho. Por insistirmos na importância do mesmo para elaboração do estudo social e posterior parecer social. As condições de trabalho ofertadas motivam o trabalhador a retornar a empresa. Vivemos numa sociedade em que cada dia o ser humano passa mais tempo em função do trabalho, com turnos exaustivos, cobranças exacerbadas de produção, salários aquém do necessário para garantir uma vida digna, perda dos direitos trabalhistas e previdenciários. Sem falar da oferta do transporte público. O mesmo é inadequado e insuficiente na maioria dos municípios brasileiros de médio e grande porte, levando o/a trabalhador/a a um desgaste diário de mais de 2 horas para realizar o deslocamento casa-trabalho. O trabalho, elemento central na sociabilidade entre os homens, na sociedade capitalista, marcada pela exploração e alienação avilta, humilha e solapa qualquer dignidade humana.
- **Desconhecimento do diagnóstico ou não aceitação do mesmo pelo usuário e familiares.** Nesse item lembramo-nos do que a CIF coloca quanto aos fatores ambientais constituídos do ambiente físico, social e atitudinal em que

as pessoas vivem e conduzem a sua vida referem-se a todos os aspectos do mundo externo que formam o contexto da vida de um indivíduo, tendo por isso um impacto sobre a funcionalidade da pessoa. Nesses fatores está incluído o mundo físico com suas características. O mundo físico entendido como aquele construído pelo ser humano, as pessoas em diferentes relacionamentos e papéis, as atitudes e os valores, os serviços e os sistemas sociais, as políticas, as regras e as leis. No caso específico da emissão do parecer social devemos questionar e refletir porque a pessoa desconhece o diagnóstico. O que implica no relacionamento e/ou acesso aos profissionais de saúde. Remete-nos a construção da política de saúde brasileira. Apesar do caráter universal na lei, a única dentro do tripé da seguridade social, no cotidiano da população não é ofertada com qualidade e continuidade. Na questão sobre a não aceitação do diagnóstico. Também devemos refletir por duas vertentes, a primeira em cima da reflexão acima, que é o relacionamento com os profissionais de saúde; a segunda diz respeito ao entendimento que a população e a sociedade possuem sobre certos diagnósticos. Como exemplo, temos os casos de câncer, o vírus do HIV, a tuberculose e a hanseníase, entre alguns. Essas doenças ainda possuem uma carga de atitudes preconceituosas por parte do próprio usuário, de alguns membros da família, vizinhos e colegas de trabalho e pela sociedade em geral. Sendo, algumas vezes, caso de abandonos e demissões.

- **Necessidade de acompanhamento psicológico para enfrentar/aceitar a doença (usuário e familiares)**. Remete-nos ao item anterior, quanto a aceitação do diagnóstico e consequentemente enfrentar o período de tratamento. Remete-nos também a oferta desse serviço pela rede pública, com regularidade e qualidade. Não só na rede pública, mas nos planos privados de saúde, que limita o número de sessões, restringe a participação de familiares.

Ao emitirmos o parecer social com o objetivo de caracterizar as intercorrências sociais, devemos ter claro que a questão saúde não pode ser vista isoladamente, e requer do profissional, conhecimento, nos remetendo a dimensão teórico-metodológica. Para tanto, recomendamos leituras em trabalhos interdisciplinares, pesquisas e legislação sobre a temática em apreço, colhendo subsídios para qualificar a conclusão do parecer social com o cuidado de não enveredar em traçar considerações em áreas que fogem a especificidade profissional e para a qual não está habilitado.

3.4 Comprometimento de renda — visando análise sobre as condições do usuário se manter ou de ser mantido pela família.

A demanda por emissão de parecer social, que denominamos caracterização do comprometimento de renda, começou com a operacionalização do BPC, por parte do INSS, desde a implantação do mesmo, em janeiro de 1996.

O BPC constitui-se numa transferência de renda mensal, não vitalício, destinado não só as pessoas com deficiência, com também as pessoas idosas, com idade a partir dos 65 anos, desde que comprovem uma renda mensal bruta *per capita* inferior a 1/4 do salário mínimo.

A renda, por determinação legal, após reivindicações coletivas, é declarada pelo requerente que pleiteia o benefício ou seu representante legal. A lei também estabelece que compete ao órgão operacionalizador do benefício (INSS) utilizar de todos os recursos disponíveis para verificação dos dados declarados pelo usuário, inclusive realizando a pesquisa externa, quando houver dúvidas fundadas.

A utilização da pesquisa externa foi confundida pelos setores administrativos da autarquia com a visita domiciliar, competência historicamente atribuída à categoria dos/as assistentes sociais. Depois dos devidos esclarecimentos quanto à interpretação da legislação e as competências cabíveis aos respectivos setores, ficou estabelecido que não cabia ao Serviço Social emitir parecer social nestas circunstâncias. É necessário este resgate, porque exemplifica a importância de termos nitidez de qual é a direção que queremos dar quando emitimos um parecer social. Vejamos: na situação descrita, não justifica a emissão do parecer social, pois mesmo caracterizando a não possibilidade do requerente de se manter e nem ser mantido pela família, conforme preconiza a Constituição Federal, não geraria o reconhecimento de direito do benefício pelo INSS, pelos limites presentes nas ações institucionais em questão, que não vai além das determinações definidas na lei. Então o que a instituição demandava para o Serviço Social era simplesmente uma checagem de informações entre o que o usuário declarou e o que seria constatado pelas verificações efetuadas. E isto não foi aceito pelos assistentes sociais do INSS, respaldado no arcabouço ético e político historicamente construído. Por outro lado, era fundamental a luta pela aceitação da declaração do usuário, sujeito de responsabilidades e direitos, que não precisa ter suas declarações verificadas para além do que preveem os dispositivos legais, como consultas de sistemas etc. A luta, dentro da instituição, na defesa dessa concepção, não passa simplesmente pela recusa na elaboração de pareceres sociais cujo único objetivo é confirmar o que o requerente já declarou e assinou perante a instituição, o que por si só, já seria suficiente. Mas vai além, é de defender o respeito a autonomia dos usuários e combater políticas sociais que tenham como foco o controle da população usuária a seu bel prazer, muitas vezes com exposição a situações de constrangimento, de forma desrespeitosa, imperando cultura da desconfiança.

Diferentemente ocorre quando há possibilidade de ampliação de direitos com a emissão da opinião profissional, a exemplo de solicitações da Junta de Recursos e de decisões de ações civis públicas, conforme discorremos a seguir.

Saindo da esfera administrativa, a solicitação de emissão de estudo socioeconômico[15] foi demandada pelas Juntas de Recursos[16] e por imposição do Judiciário, através de Ação Civil Pública. Essa solicitação vem com um novo entendimento. No caso da Junta de Recursos são os benefícios indeferidos pela questão da renda *per capita* superior. Na ação civil pública, os benefícios estão em fase de reconhecimento do direito, não podendo ser indeferidos pela renda superior sem antes serem submetidos ao estudo social

15. Na solicitação oriunda das Juntas de Recursos o estudo socioeconômico é a terminologia adotada pelos/as conselheiros/as.

16. Órgão colegiado integrante da estrutura do Ministério da Previdência Social. Atualmente existe 29 juntas de recursos.

realizado pelo Serviço Social. A Divisão de Serviço Social elaborou um documento acatando e respaldando essa decisão, que subsidiou a capacitação ministrada por uma das autoras nas Gerências Executivas[17] onde ocorreu essa ação.

Concluímos essa questão com a decisão que podemos emitir parecer social nessas situações, com o objetivo de caracterizar o comprometimento de renda da família, seja da pessoa idosa, seja da pessoa com deficiência, seguindo os mesmos princípios éticos que norteiam e respaldam a ação profissional. A nossa opinião profissional neste sentido deve voltar-se para a análise do comprometimento de renda, visando avaliar as condições daquele usuário de se manter ou de ser mantido pela família, conforme dispõe a Constituição federal. O dispositivo legal que regulamenta este direito, no caso a Loas, restringiu este alcance, ao determinar o *per capita* inferior a um quarto do salário mínimo. A nossa opinião profissional, após estudo social, diante de determinada situação, neste caso, diferentemente da situação anterior, não se dá no sentido de verificar o que o usuário declarou, mas sim de emitir opinião nas situações que mesmo indo além dos limites previsto na Loas, há a possibilidade de acesso ao benefício assistencial, com o estudo realizado pelo serviço social, sem demandar ações judiciais individuais.

Este exemplo reafirma a importância de termos nitidez em relação ao objetivo do parecer social solicitado, para que possamos definir qual será o caminho percorrido na realização do estudo, na definição dos aspectos relevantes, e na direção social adotada

17. Gerência Executiva de Passo Fundo/RS e Blumenau/SC.

no fazer profissional. Registramos a importância da adoção de conceitos que tenham o compromisso com a ampliação de direitos. Que concepção adoto, por exemplo, em relação ao entendimento de necessidades básicas! Entendo como sobrevida para atender os mínimos sociais ou como capacidade de ter uma vida digna? Qual cidadania que defendo: prendo-me aos direitos constituídos ou busco ir além destes? Qual a concepção de pobreza adotada? Qual a concepção de família, de autonomia dos sujeitos e de vulnerabilidade social? Enfim são questões que nos remetem a necessidade constante de articular as três dimensões referenciadas anteriormente: a dimensão ético-política, teórico-metodológica e técnico-operativa.

Em outubro passado o Supremo Tribunal Federal,[18] por meio do Acordão declarou inconstitucionalidade parcial, sem redução de texto, do § 3º, do artigo 20, da Lei n. 8.742/1993, ao entender que esse dispositivo cria hipótese objetiva de caracterização de miserabilidade para fins de percepção do BPC/Loas.

Essa decisão com certeza vai gerar demanda para o Serviço Social no que tange a emissão do parecer social. O presidente do CRPS[19] declarou que "essa decisão é muito importante para a atuação dos conselhos, [...] motivo pelo qual diligência nesse sentido é altamente recomendável".

Ou seja, mais uma vez a categoria é instigada com novas demandas que nos leva a possibilidade de contribuir no reconhe-

---

18. Recurso Extraordinário n. 56.7985, publicado no *DJ-e*, de 3 nov. 2013.

19. O Conselho de Recursos da Previdência Social integra a estrutura do Ministério Social. É o órgão de controle jurisdicional das decisões do INSS nos processos de interesse dos beneficiários e das empresas.

cimento de direitos de uma população, que historicamente esteve à margem das políticas sociais, que são as pessoas idosas e as pessoas com deficiência.

Eleger os elementos relevantes para esse estudo social requer o conhecimento da luta desses segmentos populacionais, a trajetória da política de assistência social, os avanços e retrocessos do BPC na ótica da política neoliberal implantada nas últimas décadas no país, o estatuto do idoso e os princípios éticos da profissão, quanto aborda a universalização das políticas. O entendimento de mínimos sociais, de necessidades básicas, vida digna, acesso aos serviços e políticas, com ou sem barreiras, como nos ensina a CIF, enfim todo o arcabouço teórico metodológico conforme já referenciado e acumulado pela categoria na emissão de parecer social como também na avaliação social.

Estas situações nos remetem a importância de ter nitidez dos objetivos que desejo alcançar com a elaboração de determinado parecer social. É necessário também conhecer a burocracia e a realidade institucional, para que possamos definir se a solicitação da emissão de parecer social pode significar uma restrição no acesso a determinados direitos já garantidos legalmente, ou se pode contribuir no alargamento do acesso, para além dos limites institucionais e legais.

4. Elementos relevantes do parecer social

Para este estudo, conceituamos elementos relevantes "como um conjunto de informações envolvendo situações da realidade social e humana, no âmbito individual e coletivo, que subsidiam o estudo social do profissional" (Cavalcanti e Alvarenga, 2008). Para Fávero (2004, p. 42) o estudo social "tem por finalidade conhecer com profundidade, e de forma crítica uma determinada situação ou expressão da questão social, objeto de intervenção profissional, especialmente nos seus aspectos socioeconômicos e culturais".

Ou seja, ao levantar os elementos relevantes para emissão do parecer social devem-se levar em consideração as representações, os valores e os significados presentes no contexto sociocultural onde o usuário desenvolve relações sociais e de convivência.

A realidade particular do usuário deve ser situada dentro do contexto macro da sociedade. Esse processo exige discussão e análises que favoreçam a reflexão e a crítica, não permitindo, como alerta Vasconcelos (2003), que o profissional priorize as questões pessoais e/ou materiais do usuário perdendo a dimensão do seu papel na busca de universalização e ampliação de direitos.

Nesse cenário o núcleo familiar, a satisfação das necessidades básicas, a posição do usuário no grupo familiar a partir da interdependência do vínculo econômico-social, a escolaridade, a habitação, a saúde, as relações afetivas e a inserção no mercado de trabalho, entre outros, nortearão os elementos relevantes a serem trabalhados, dependendo da situação a ser caracterizada e considerando problematizações acima já realizadas.

Cabe enfatizar, que a escolha dos elementos relevantes é uma decisão do/a assistente social, a partir da análise da situação a ser estudada e do objetivo do parecer social.

5. Elaboração do parecer social

A elaboração do parecer social tem por fundamento a realização do estudo social de uma dada situação. Deve exprimir a opinião profissional sobre a referida situação em consonância com o objetivo que gerou a solicitação do parecer social. Mas a/o assistente social deve estar atento para não definir o reconhecimento do direito ao benefício ou da avaliação médica-pericial, situando o parecer no âmbito do Serviço Social.

O estudo social não deverá ser encaminhado aos setores solicitantes, mas permanecer no prontuário do assistente social, em arquivo próprio com garantia do sigilo profissional prevalecido. Sendo encaminhado o formulário do parecer social (ver Anexo).

O profissional deve ter autonomia frente ao órgão requisitor. Para realização do parecer social solicitado pode fazer uso de entrevistas com os usuários, familiares, terceiros e profissionais e/ou visitas técnicas (institucionais e domiciliares). As informações obtidas durante a entrevista não poderão ser utilizadas como comprovação ou não de dados fornecidos pelos usuários a outros setores da instituição.

O/a assistente social no momento da entrevista deve pautar-se na história de vida do usuário, que compreende o tempo histórico do sujeito e o tempo histórico social, priorizando o atendimento individual, aprofundando um determinado conhecimento da realidade humana-social, trabalhando a totalidade, lembrando-se que o usuário/indivíduo é um ser social.

O conteúdo deve basear-se nas situações previstas, havendo uma coerência entre os elementos relevantes trabalhados e a conclusão. É necessário que o conteúdo não seja excessivo e deve ser expresso de maneira clara e objetiva.

Devemos estar atentos para na coleta de dados, ao realizar a entrevista, explicar para o usuário o nosso objetivo, buscando uma postura horizontal com o mesmo, situando-o quanto ao processo realizado e as exigências institucionais e legais, estabelecendo os procedimentos adotados para a realização do estudo e, inclusive, socializando com o usuário a conclusão do mesmo. A construção dessa relação é fundamental para desmistificação do aparato e do poder institucional pelo usuário.

É necessário que o profissional identifique quais situações caberá ou não a emissão do parecer social, inclusive e principalmente quando emitido por iniciativa própria. O Manual Técnico recomenda quando "o parecer social não se configura matéria de Serviço Social, [...] deverá comunicar ao setor solicitante, mediante justificativa" (2012, p. 27).

Lúcia Lopes ressalta que o referencial para a decisão do assistente social quanto à pertinência do parecer social ou a emissão por iniciativa própria deverá ser "o conhecimento acerca da burocracia institucional, dos direitos do usuário e, sem dúvida, da possibilidade de viabilização de direitos através desse instrumento" (Lopes, 2000, p. 117).

É fundamental a guarda do sigilo profissional. Este caracteriza como dever e direito do assistente social conforme dispõe o Código de Ética e não pode ser objeto de flexibilização ou interpretações que apresentam como consequência o não reconhecimento da autonomia do usuário e a sua exposição. Devemos estar atentos em não registrar dados que não tenham relação com o objetivo do estudo.

Podemos dizer com isso que defender a utilização do parecer social nesta ótica é um desafio constante e a construção coletiva dessa defesa é fundamental.

6. Considerações finais

Concluímos este texto com algumas considerações, fruto de um estudo realizado no ano de 1998, através da formação de um grupo de trabalho, do qual as autoras fizeram parte, sobre a utilização desse instrumento da ação profissional pelos assistentes sociais do INSS.

Sob a coordenação da então Divisão de Serviço Social, o grupo analisou 114 pareceres sociais, selecionados e enviados pelos 24 regionais — Seções/Setores de Serviço Social.

Mesmo levando em consideração a questão do tempo (1998-2014) decidimos permanecer com essas reflexões levantadas na época do levantamento devido a atualidade de alguns aspectos dos dados trabalhados relacionadas às dificuldades sentidas ainda hoje pelos profissionais ao elaborar o parecer social. Abaixo elencamos algumas dessas dificuldades:

- Parecer social e a inclusão do usuário no sistema de proteção social — previdência e assistência social.

Os dados levantados demonstram que em 98% dos pareceres sociais havia a demonstração de compromisso dos assistentes sociais com inclusão do usuário no sistema de proteção social. Em 75% dos pareceres sociais, houve aceitação pelo setor solicitante, e apenas 1% não aceitou, sendo que 24% ainda não havia definição ou informação do setor solicitante. Estes aspectos demonstram a importância da utilização do parecer social para a população usuária, como instrumento de garantia de um direito. Esse compromisso permanece por parte dos profissionais, mas advertimos para a importância de copilar os dados referentes à aceitação dos pareceres sociais emitidos pelos respectivos setores, pois como afirma Sarmento à informação é "um potencializador valioso em nossas ações [...] um instrumento que organiza e veicula informações de interesse da população e do assistente social. Ela é condição instrumental que amplia as possibilidades de leitura crítica da realidade, subsidia a reflexão, tomada de decisão e ação" (2013, p. 121).

- Construção do parecer social tendo como subsídios provas documentais:

Em 35% dos pareceres sociais emitidos, o profissional fez referência, ao elencar aspectos relevantes ou ao concluir, à apresentação de provas documentais pelo usuário. É importante estarmos atentos a este dado, pois a opinião do profissional se dará pela articulação da capacitação técnica — operacional conhecimento teórico-metodológico e realização de compromissos ético-políticos, conforme já referenciamos. Ao respaldar o estudo em provas documentais, o profissional reforça a visão burocrática e legalista da instituição, e trabalha contra a luta pela autonomia técnica. Atos normativos, construídos historicamente, a exemplo da Orientação Interna/Ordem de Serviço n. 506/95 e Instrução Normativa 20, já dispunham sobre a questão da autonomia. E o

Manual Técnico em vigor reafirma, o que já constava na Matriz e demais atos normativos, que o "instrumento não se constitui em mecanismo de fiscalização, constatação, averiguação de veracidade de fatos, provas ou informações prestadas pelo usuário". No trabalho de supervisão pelas autoras, ficou evidenciada a tentativa de avaliação da qualidade do parecer social pelos setores solicitantes, a partir daqueles que apresentasse provas documentais, como se esses que foram emitidos a partir das provas documentais fosse mais consistente. Esse entendimento do fazer profissional no momento de emitir o parecer social gerou questionamentos quando não se apresentavam as tais provas. Lembrando que essas posições vão de encontro à autonomia profissional, ferindo nossos preceitos ético-legais.

É importante ressaltar que 65% dos pareceres sociais emitidos não mencionaram provas documentais. Esse dado pode ser resultado do investimento em capacitação realizada pelas equipes de supervisão da Direção Geral/DSS e dos regionais no aprofundamento da valorização do parecer social como instrumento de inclusão. A capacitação continuada constitui um dos princípios do Código de Ética e como afirma Magalhães (2006, p. 14) o profissional precisa ser permanentemente avaliado, para rever posicionamentos e até mesmo as questões diretamente relacionadas com o âmbito técnico-operativo de sua atividade.

- Considerações entre o objetivo do parecer social, elementos relevantes e conclusão:

Na construção do parecer social, foi verificado que em 58% houve coerência entre o objetivo, os elementos relevantes e a conclusão que gerou a emissão do parecer social. Representa um percentual bastante significativo, pois articular essas três questões não é tão fácil, pois os/as profissionais de Serviço Social "acolhem, [...], isoladamente, como demanda para o serviço social, as realidades internas dos indivíduos [...] — que permeiam as relações entre indivíduos e/ou familiares — em detrimento da questão social, que envolvem os diferentes segmentos da 'classe que vive do trabalho' (Antunes, 1995)" (Vasconcelos, 2003, p. 127).

Assim aconteceu com os 42% restantes onde não foram trabalhadas as questões macro, nem do ponto de vista do usuário, nem do ponto de vista institucional. Enfatizam-se dados que não são relevantes para a caracterização que se pretende estudar.

Em relação à conclusão, observamos que em 36% das situações levantadas não houve posicionamento claro do técnico. Ou seja, a opinião recaía sobre decisões de competência de outros setores da instituição, como o reconhecimento do direito ou não ao benefício. Outras vezes a conclusão baseava-se nas provas apresentadas e não no estudo realizado ou atribuía ao usuário a opinião que deveria ser do técnico. Tanto a Matriz Teórico-Metodológica quanto o Manual Técnico do Serviço Social sinalizam para essa questão "o parecer social deve ser conclusivo quanto a opinião do profissional sobre a situação analisada" (MPAS/MTSS, 1994, p. 27) e "o parecer social será conclusivo, em matéria de Serviço Social" (MPAS/MTSS, 2012, p. 27).

Mas, ao final do estudo, registramos que 64% dos pareceres sociais analisados houve posição clara e objetiva por parte do profissional.

Apesar desse dado contundente na ocasião da pesquisa, sentimos nos dias atuais a dificuldade que o profissional, não só dos que exercem suas atividades no INSS, mas também em outros espaços sócio-ocupacionais, de emitirem o parecer social solicitado partindo dessas três premissas: objetivo, elementos relevantes e conclusão. A emissão do parecer social deve estar centrada na demanda que o gerou. Para tanto recomendamos ter nitidez dos motivos da solicitação.

- Considerações quanto à forma de elaboração do parecer social:

Destacamos, com preocupação, os dados revelados quanto à forma de elaboração do parecer social. Em 72% não havia uma construção objetiva de redação. Muitos relatos eram extensos e superficiais, mesmo elencando aspectos relevantes. Informações desnecessárias como: identificação de patologias com excesso de informações da área médica. Mesmo nos casos em que é solicitada a caracterização de intercorrências sociais, essas informações devem se articular com o mundo do trabalho e ao acesso as políticas de saúde e/ou de emprego e renda. Os valores monetários eram explicitados sem qualquer relação com o estudo, e muitas vezes, dados descritos de forma isolada, solta no texto, sem referendar em percentuais ou parâmetros, como salários mínimos e sem relacionar com o que se quer demonstrar a expor estes dados. Isto permitia interpretações não pertinentes por parte dos setores solicitantes, marcadas pelo senso comum e pelo aparente. Na necessidade de elencar a questão econômica, principalmente nos casos de dependência econômica e comprometimento da renda recomendamos a utilização de percentuais tendo como referência o salário mínimo e considerando conceitos ampliados de necessidades básicas e cidadania.

Alertamos para que se compreenda que parecer social não é relatório. O texto exige uma coerência, a linguagem deve ser clara, sucinta e concisa, sem ser superficial. Não se deve fazer uso da linguagem eletrônica, nem de abreviaturas. Procurar as terminologias atualizadas quanto a determinados segmentos populacionais e não usar palavras que podem expressar discriminação e preconceito.

É necessário o resgate de questões macroestruturais e conjunturais com a especificidade da situação singular, vivenciada pelo usuário, que tem sua própria história de vida.

Em 82% dos casos, principalmente no que diz respeito à conclusão, pontuamos a utilização de termos não apropriados: "verificamos", "constatamos", "comprovamos" e outros foram largamente utilizados. O grupo de trabalho, na ocasião, sugeriu a utilização do termo "caracterização" para determinar a situação estudada, seja de união estável, de dependência econômica, de intercorrências sociais acrescido na atualidade do comprometimento de renda.

O estudo revelou como as/os assistentes sociais devem estar atentos às exigências profissionais colocadas na realização do parecer social e à necessidade de definição de estratégias. A elaboração do parecer social não pode ser uma comprovação de informação e não deve possuir um caráter de fiscalização: ele é um viabilizador de direitos. O Manual Técnico (2013, p. 27) corrobora nosso pensamento quando afirma que o instrumento consiste "em recurso viabilizador de direitos, na perspectiva da cidadania, equidade e justiça social". Magalhães nos alerta que no estudo da problemática devemos considerar os aspectos do saber profissional evitando o senso comum, o envolvimento pessoal, as informações desnecessárias e, ainda, possíveis interpretações equivocadas dos leitores quanto a preconceitos ou julgamentos (2006, p. 76). Já Alvarenga (2007) destaca que o parecer vale pelo conteúdo científico, pelos argumentos bem enquadrados e fundamentados, pela clareza de raciocínio e pela autoridade científica e ética de quem subscreve.

Concluímos com o pensamento de Yolanda Guerra (2013, p. 46) quando enfatiza que a intervenção de natureza técnico-operativa não é neutra: ela está travejada pela dimensão ético-política e esta, por sua vez, encontra-se aportada em fundamentos teóricos, donde a capacidade de o profissional vir a compreender os limites e possibilidades não como algo interno ou inerente ao próprio exercício profissional, mas como parte do movimento contraditório constitutivo da realidade social.

Bibliografia

ABREU, Ariadna Q. N. et al. História social: construindo um saber profissional: relato de uma experiência. In: CBAS, 14., *Anais...*, Águas de Lindoia, 2013.

ALVARENGA, Raquel. F. C. Oficina sobre parecer social. João Pessoa: CRESS 13ª Região, 2000. (Mimeo.)

______; CAVALCANTI, Germana C. História social: parte integrante do instrumento de avaliação social. Material produzido para Supervisão Técnica. João Pessoa, abr. 2012.

BARROCO, Maria Lucia S. Uma reflexão ética sobre a prática profissional do Serviço Social no INSS. São Paulo, 1994. (Mimeo.)

BEHRING, Elaine; BOSCHETTI, Ivanete. Seguridade social no Brasil e perspectivas no governo Lula. *Universidade e Sociedade*, Brasília, Andes-SN, n. 30, jun. 2003.

BOSCHETTI, Ivanete Salete. América Latina, política social e pobreza: "novo" modelo de desenvolvimento? In: ______. *Financeirização fundo público e política social*. São Paulo: Cortez, 2012.

BRITTES, Cristina; SALES, M. Ética e práxis profissional. In: ______. *Curso de capacitação ética para agentes multiplicadores*. 4. ed. Brasília: CFESS, 2007.

CABRAL, Maria do Socorro R.; BRAGA, Léa (Orgs.). *O Serviço Social na Previdência*: trajetória, projetos profissionais e saberes. São Paulo: Cortez, 2007.

CAVALCANTI, Germana C.; ALVARENGA, Raquel F. C.; GAMA, Iara M.S. Parecer Social na Previdência Social: valorizar para viabilizar direitos. Anais do 12º CBAS, Foz de Iguaçu/PR, 2007.

______; ALVARENGA, Raquel F. C.; GAMA, Iara M. S. Elementos relevantes na construção do parecer social: um estudo no âmbito da política previdenciária. In: CONFERÊNCIA MUNDIAL DE SERVIÇO SOCIAL, 19., *Anais...*, Salvador, 2008.

CFESS. Código de Ética dos Assistentes Sociais. Brasília, 1993.

DUARTE, Adriana M. C. Parecer social: instrumento de inclusão de usuário na previdência social. In: ENCONTRO DE SERVIÇO SOCIAL NA ESFERA DA SEGURIDADE SOCIAL NO BRASIL, 1., *Caderno...*, Belo Horizonte, 1997.

FÁVERO, Eunice. Instruções sociais de processos, sentenças e decisões. In: ______. *Serviço Social*: direitos sociais e competências profissionais. Brasília: Conselho Federal de Serviço Social (CFESS)/Associação Brasileira de Ensino e Pesquisa em Serviço Social (ABEPSS), 2009.

FERNANDES, Valmara P. O. *O parecer social como mediação para efetivação de direitos na esfera da previdência social*: uma análise sobre seu significado. Mossoró: Faculdade de Serviço Social/UERN, 2008. (Monografia.)

UERRA, Yolanda. A dimensão investigativa no exercício profissional. In: _____. *Serviço Social*: direitos sociais e competências profissionais. Brasília: Conselho Federal de Serviço Social (CFESS)/Associação Brasileira de Ensino e Pesquisa em Serviço Social (ABEPSS), 2009.

GUERRA, Yolanda. A dimensão técnico-operativa do Serviço Social: questões para reflexão. In: _____. *A dimensão técnico-operativa do Serviço Social*: desafios contemporâneos. 2. ed. Juiz de Fora: Ed. da UFJF, 2013.

GUEIROS, M. J. O parecer social: notas para uma reflexão. (Mimeo.)

IAMAMOTO, Marilda V. *O Serviço Social na contemporaneidade*: trabalho e formação profissional. 4. ed. São Paulo: Cortez, 2001.

_____. Projeto profissional, espaços ocupacionais e trabalho do assistente social na atualidade. In: _____. *Atribuições privativas do(a) assistente social*: em questão. Brasília: CFESS, 2002.

MAGALHÃES, Selma M. *Avaliação e linguagem*: relatórios, laudos e pareceres. 2. ed. São Paulo: Veras, 2006.

MIOTO, Regina. C. Estudos socioeconômicos. In: _____. *Serviço Social*: direitos sociais e competências profissionais. Brasília: Conselho Federal de Serviço Social (CFESS)/Associação Brasileira de Ensino e Pesquisa em Serviço Social (ABEPSS), 2009.

_____; LIMA, Telma Cristiane S. A dimensão técnico operativa do Serviço Social: sistematização de um processo investigativo. *Textos & Contextos*, Porto Alegre, v. 8, n. 1, 2009.

MOREIRA, Marinete C. *O alcance do parecer social como instrumento do assistente social para viabilizar direitos*. Palestra ministrada em São Paulo, jul. 2009.

_____. *O trabalho da(o) assistente social no contexto do aprofundamento da privatização da previdência social*: desafios e perspectivas. Palestra ministrada em Brasília, abr. 2011.

_____. Considerações sobre a avaliação social para acesso ao BPC, 2011. (Mimeo.)

MOREIRA, Marinete C. O Serviço Social do INSS a partir da década de 1990: análise da implantação da Matriz Teórico-Metodológica. In: ______. *Trabalho e seguridade social*: percursos e dilemas. São Paulo: Cortez; Rio de Janeiro: FSS/UERJ, 2008.

ORGANIZAÇÃO MUNDIAL DE SAÚDE (OMS). CIF: Classificação Internacional de Funcionalidade, Incapacidade e Saúde. Lisboa, 2004.

SARMENTO, Hélder Boska de Moraes. Instrumental técnico e o Serviço Social. In: ______. *A dimensão técnico-operativa do Serviço Social*: desafios contemporâneos. 2. ed. Juiz de Fora: Ed. da UFJF, 2013.

SILVA, Maria Lucia L. Um novo fazer profissional. In: ______. *Curso de Capacitação em Serviço Social e Política Social*, módulo 4. Brasília: Cead/CFESS/ABEPSS, 2000.

______. Serviço Social no INSS: luta para garantir direitos e cidadania. *Inscrita*, CFESS, ano 2, n. 5, p. 19-23, dez. 1999.

______. *Previdência social no Brasil*: (des)estruturação do trabalho e condições para sua universalização. São Paulo: Cortez, 2012.

SILVA, Rosangela C. R.; WITIUK, Ilda L. *Família do portador de transtorno mental*: vítima ou vilã? (Mimeo.)

SPOSATI, Aldaiza. Globalização da economia e processos de exclusão social. In: ______. *Curso de capacitação em serviço social e política social*, módulo 1. Brasília: Cead/CFESS/ABEPSS, 1999.

TRINDADE, Rosa Lúcia Prédes. Ações profissionais, procedimentos e instrumentos no trabalho dos assistentes sociais nas políticas sociais. In: ______. *A dimensão técnico-operativa do Serviço Social*: desafios contemporâneos. 2. ed. Juiz de Fora: Ed. da UFJF, 2013.

VASCONCELOS, Ana Maria de. *A prática do Serviço Social*: cotidiano, formação e alternativas na área da saúde. 2. ed. São Paulo: Cortez, 2003.

YAZBEK, Maria Carmelita. Serviço Social como especialização do trabalho coletivo. In: ______ *Curso de capacitação em serviço social e política social*, módulo 2. Brasília: Cead/CFESS/ABEPSS, 1999.

Legislação consultada

BRASIL. Decreto n. 611. Aprova o regulamento dos benefícios da Previdência Social. Brasília, 1992.

______. Decreto n. 2.172. Aprova o regulamento dos benefícios da Previdência Social. Brasília, 1997.

______. Decreto n. 3.048. Aprova o regulamento dos benefícios da Previdência Social. Brasília, 1999.

______. Decreto n. 6.564. Altera o Regulamento do Benefício de Prestação Continuada, aprovado pelo Decreto n. 6.214, de 26 de setembro de 2007, e dá outras providências. Brasília. 2008.

______. Lei n. 8.213. Dispõe sobre o Plano de Benefícios da Previdência Social e dá outras providências. Brasília, 1991.

______. Lei n. 8.662. Dispõe sobre a profissão de assistentes sociais e dá outras providências. Brasília, 1993.

______. Lei n. 8.742. Dispõe sobre a organização da assistência social e dá outras providências. Brasília. 1993.

______. Lei n. 12.435. Altera a Lei n. 8.742, que dispõe sobre a organização da Assistência Social. Brasília. 2011.

INSS. Instrução Normativa INSS/PRES n. 45. Estabelece critérios a serem adotados pela área de Benefícios. 2005.

______. Resolução n. 203/PRES/INSS. Aprova o Manual Técnico do Serviço Social. 2013.

MPAS/INSS. Matriz Teórico-Metodológica do Serviço Social na Previdência Social. Brasília: MPAS, 1994.

______. OS/DSS n. 506. Dispões sobre a emissão do parecer social. Brasília, 1995.

______. Memorando circular n. 116/1.700. 23/98. Apresenta o relatório do grupo de trabalho sobre análise do parecer social. Brasília, 1998.

ANEXO

PREVIDÊNCIA SOCIAL
INSTITUTO NACIONAL DO SEGURO SOCIAL

PARECER DO SERVIÇO SOCIAL

Nº DO BENEFÍCIO:	ESPÉCIE:	GEX/APS:

SETOR SOLICITANTE:
OBJETIVO:

	SEXO	IDADE	ESTADO CIVIL	ESCOLARIDADE
SEGURADO				
REQUERENTE				

ELEMENTOS RELEVANTES:
PARECER CONCLUSIVO:

DATA:	ASSINATURA DO ASSISTENTE SOCIAL/CRESS

3

O exame criminológico no atual contexto do sistema prisional

Maria Márcia Badaró Bandeira*
Nádia Degrazia Ribeiro**
Newvone Ferreira da Costa***
Tânia Maria Dahmer Pereira****

---

* Psicóloga aposentada da Secretaria de Estado de Administração Penitenciária (RJ). Especialista em Psicologia Jurídica (UERJ). Mestre em Psicologia Social (UERJ). Autora do livro *Sistema prisional: contando e recontando histórias* — As Oficinas de Leitura como Processos Inventivos de Intervenção. Curitiba: Juruá, 2012.

** Psicóloga da Secretaria de Estado de Administração Penitenciária (RJ). Coordenadora do Núcleo de Prevenção de Acidentes e Violência de Duque de Caxias (RJ). Mestre em Psicologia Clínica (PUC-RJ). Participante da Escola de Psicanálise Letra Freudiana (RJ).

*** Assistente social aposentada da Secretaria de Estado de Administração Penitenciária (RJ). Mestre em Educação (Universidade de Habana, Cuba). Professora Adjunta do Curso de Graduação em Serviço Social da Unisuam e Coordenadora do Curso de Pós-Graduação em Segurança Pública e Sistema Sociojurídico da Unisuam. Representante do Conselho da Comunidade no Comitê de Prevenção e Combate à Tortura da Alerj.

**** Assistente social do Hospital de Custódia e Tratamento Psiquiátrico Heitor Carrilho. Mestre em Serviço Social (PUC-RJ). Doutora em Serviço Social (Escola de Serviço Social — UFRJ-RJ).

1. Introdução

Após dez anos de publicação do artigo "O exame criminológico: notas para sua construção" (2003), torna-se necessário atualizar essa escrita em razão de várias questões relativas ao sistema de justiça criminal que acabam por manter presente a discussão acerca do exame criminológico, dentre elas: o aumento vertiginoso do encarceramento da população brasileira e o grande número de presos provisórios;[1] a morosidade do sistema judiciário nas decisões de sentenças e na concessão dos direitos legais da progressão de regime (PR) e seus benefícios, bem como do livramento condicional (LC).

Além dessas questões, a prática do exame criminológico, realizado por assistentes sociais, psicólogos e psiquiatras, permanece na pauta de debates, principalmente dos assistentes sociais

1. Segundo o Conselho Nacional de Justiça, em 2013, o número de presos no Brasil chegou a 550 mil, e destes cerca de 230 mil eram presos provisórios, ou seja, que ainda aguardavam sua sentença judicial. Disponível em: <http://g1.globo.com/globo-news/globo-news-especial/videos/t/todos-os-videos/v/presidios-brasileiros-vivem-situacao-dramatica/2946557/>. Acesso em: 28 fev. 2014.

e psicólogos, como também dos operadores do direito e estudiosos do campo da execução penal. No âmbito do Judiciário e do Legislativo, a existência do exame criminológico vem sendo questionada, do ponto de vista jurídico e constitucional, desde 2003, quando foi promulgada a Lei n. 10.792/2003, que retirou o exame criminológico como exigência para obtenção da PR e do LC, porém o manteve no início da execução da pena para fins de elaboração do plano individualizado de tratamento realizado pelo Centro de Observação Criminológica (arts. 96, 97 e 98 da LEP).[2] Diante da dificuldade de entendimento dos juízes da execução penal sobre a exigência ou não do exame criminológico, o Supremo Tribunal Federal, em 2009, firmou jurisprudências com o entendimento de que, mesmo não sendo obrigatório para fins de PR e LC, o juiz poderia exigi-lo desde que fundamentasse o seu pedido, considerando as peculiaridades de cada caso (Súmula vinculante n. 26, de 16/12/2009). Do mesmo modo, o Superior Tribunal de Justiça (STJ) emitiu em maio de 2010 a Súmula n. 439, com o mesmo teor. Apesar das Súmulas, este exame continua sendo exigido indiscriminadamente, principalmente no Rio de Janeiro, pelo Ministério Público, Defensoria Pública e juízes da Vara de Execuções Penais.

Em 2003, na edição anterior deste artigo, já apontávamos as questões ético-políticas e teórico-práticas em torno do exame criminológico. A nova lei não produziu um arrefecimento nos debates já existentes no campo jurídico e entre os profissionais que o realizam. Ao contrário, produziu mais discussões, principalmente

2. No Rio de Janeiro não foi criado até o momento, o Centro de Observação Criminológica (COC) e o exame criminológico inicial não é realizado.

entre os psicólogos. Cabe destacar que a Lei de Execução Penal (LEP), de 1984, bem como suas alterações pela Lei n. 10.792/2003, não incluem a assistência psicológica dentre as atribuições dos psicólogos, diferentemente dos assistentes sociais.

O crescimento exponencial da população encarcerada não tem sido acompanhado da infraestrutura necessária para o adequado cumprimento da LEP, não só do ponto de vista das instalações físicas, mas também do quantitativo de profissionais técnico-administrativos para o chamado "tratamento penal". A experiência do Rio de Janeiro com a desativação das carceragens ligadas à polícia civil e a consequente transferência dos presos para a Secretaria de Administração Penitenciária a partir de 2010, apesar de ter sido um avanço para o espaço de privação de liberdade, agravou os problemas já existentes, tal como mencionado no Relatório Anual de 2013 do Mecanismo Estadual de Prevenção e Combate à Tortura do Rio de Janeiro.[3] A desproporção cada vez maior entre o quantitativo de profissionais e o número de presos[4] produz efeitos deletérios na atuação dos profissionais nas áreas de serviço social e de psicologia que passam a maior parte do seu tempo de trabalho realizando entrevistas para elaboração de pareceres. O

3. Segundo o Relatório, cerca de 5 mil presos foram transferidos das carceragens para a Secretaria de Administração Penitenciária do Rio de Janeiro. Disponível em <http://www.apt.ch/content/files/npm/americas/Rio_LPM%20Annual%20Report%202013.pdf>

4. Segundo dados de 2013, da Associação dos Servidores das Áreas de Saúde e Assistência Penitenciária do Estado do Rio de Janeiro (Assap), em 2001, o sistema penitenciário contava com 19 mil presos e 1.050 profissionais de saúde. Em 2013, são 34 mil presos para 600 profissionais de saúde. A perspectiva do número de presos no Rio de Janeiro para o período de 2014 a 2016 é da ordem de 52 mil presos e não se sabe quantos profissionais de saúde serão para atender a essa demanda, pois não há reposição de profissionais, via concurso público para estatutário desde 1998.

acúmulo dessa tarefa, a inexistência, no Rio de Janeiro, de concurso público para os técnicos, assim como em outros estados, e a precarização dos vínculos trabalhistas com a contratação temporária de pessoal, não permite que os poucos profissionais existentes estejam mais próximos dos presos no cotidiano institucional, dificultando a realização de outros trabalhos necessários no acompanhamento das pessoas presas. Desse modo, o contato dos profissionais com os sentenciados por ocasião do exame criminológico inicia-se no momento em que ele já cumpriu boa parte da sua pena, estando em vias de obter liberdade condicional ou ser transferido para outra unidade em decorrência de progressão de regime (semiaberto ou aberto). Isto significa dizer que não houve nenhum acompanhamento dessa pessoa ao longo do cumprimento da sua pena e, somente na ocasião do exame, busca-se avaliar suas condições pessoais para voltar a viver em liberdade. Contudo, há uma expectativa do judiciário e do Ministério Público de que os pareceres respondam acerca da possibilidade de reinserção social deste indivíduo, baseados no que diz o art. 83 (parágrafo único) do Código Penal. As poucas linhas deste artigo impactam a qualquer profissional que recebe tal mandato institucional, necessitando um aprofundamento reflexivo acerca desses pareceres:

> Para o condenado por crime doloso, cometido com violência ou grave ameaça à pessoa, a concessão do livramento ficará subordinada à constatação de condições pessoais que façam presumir que o liberado não voltará a delinquir (CP, art. 83).

Para além da complexidade da elaboração do exame criminológico até aqui mencionada, alguns assistentes sociais e psicólogos que atuam em unidades prisionais têm buscado desenvolver outros processos de trabalhos que podem ser muito significativos e importantes para o preso durante o cumprimento da sua pena e na sua vida em liberdade.[5]

Retomando o ano de 2003, cabe destacar que neste ano também foi publicada pelos Ministérios da Saúde e da Justiça a Portaria Interministerial n. 1.777/2003 criando o Plano Nacional de Saúde no Sistema Penitenciário, que prevê a implantação de equipes mínimas de saúde em cada uma das unidades prisionais, nas quais psicólogos e assistentes sociais estão inseridos, além de médico, enfermeiro, auxiliar de enfermagem, odontólogo e auxiliar de consultório dentário. Essas legislações provocaram um debate em nível nacional e estadual entre os profissionais da área técnica do sistema prisional, principalmente entre assistentes sociais e psicólogos.

A análise a seguir tenta conduzir uma possível reflexão sobre a criminalização da pobreza e os interesses econômicos em jogo na sociedade contemporânea.

2. Criminalidade e prisão: um elo indissolúvel

A criminalidade, sobretudo nos grandes centros urbanos, tem sido objeto diário da mídia escrita e falada. Cada vez mais, sobretudo movida pela emoção decorrente de crimes de repercussão,

5. Ver Bandeira, M. Márcia Badaró. *Sistema prisional — Contando e recontando histórias*: as oficinas de leitura como processos inventivos de intervenção. Curitiba: Juruá, 2012.

a opinião pública clama e reclama quanto à impunidade, à lentidão da Justiça Criminal, à necessidade do agravamento das penas e, seguidamente, propõe o rebaixamento da idade de responsabilidade penal. No imaginário social, penas cada vez mais longas, regime disciplinar prisional mais rigoroso seriam instrumentos eficazes a contribuir com o decréscimo das taxas de incidência criminal.

Aqueles, vulgarmente chamados de "bandidos", "vagabundos", "meliantes", aos quais os meios de comunicação destinam largo espaço, são, em sua maioria, sujeitos oriundos da classe pobre, e são estes que lotam preferencialmente as prisões. Por curto espaço de tempo, no entanto, frequentam a mídia, seja porque são mortos ao serem capturados, seja porque seu uso pelos meios de comunicação é fugaz: sempre existem outros sucessores daquele "bandido" preso a ocupar seu lugar. Assim, vão-se repassando gerações de adolescentes a jovens adultos, cuja expectativa de sucesso e ascensão se faz "enganosamente" pela via dos negócios do tráfico de drogas, dos pequenos e grandes assaltos.

Wacquant[6] nos alerta sobre algo que verificamos no cotidiano das cidades: o combate à criminalidade se concentra, sobretudo, na estratégia de combate aos pobres. A frase da delegada que coordenava em 2003 o projeto "Zona Sul Legal"[7] do Governo do Estado — "É preciso deixar a sala de visitas sempre arrumada",

---

6. Wacquant, Loïc. *Os condenados da cidade*. Rio de Janeiro: Revan/Observatório IPPUR/UFRJ/Fase, 2001b.

7. Entrevista dada ao jornal *O Globo*, em 27 jul. 2003, pela delegada Elizabeth Cayres sobre o trabalho da polícia civil de recolhimento da população de rua da zona sul do Rio de Janeiro.

já que é "pela Zona Sul da cidade que ingressam os turistas no Rio de Janeiro" — ainda é atual. Não por acaso, dez anos depois, a política de recolhimento compulsório de crianças e jovens usuários de crack e, junto com eles, muitos moradores de rua não usuários, tem sido implementada, a já conhecida higienização dos espaços públicos.

A localização do perigo está sempre associada à "classe perigosa", que vive nas ruas, que se expõe nos espaços públicos — se diverte, trabalha, come e, por vezes, ali dorme, sem o recato dos outros cidadãos que privam da intimidade de seus escritórios, condomínios e clubes. É nos espaços da "favela" do Brasil, na *poblacione* do Chile, na *villa miseria* da Argentina, no *cantegril* do Uruguai que se entende que neles está o perigo, a ameaça à integridade física e ao patrimônio dos demais cidadãos.

Estes lugares "perigosos" são objeto de incursões planejadas das polícias, com sua prática do "pé na porta",[8] ou seja, barracos e casas humildes são invadidos em busca de acusados e suspeitos. Ao mesmo tempo, em alguns governos, e isto bem ilustra Soares,[9] as favelas, além das ações repressivas das corporações policiais, passam a ser frequentadas por órgãos públicos em parcerias com Organizações Não Governamentais (ONGs) visando a prevenção da criminalidade por meio da chamada "ocupação social", com projetos educativos, profissionalizantes e assistência pontual, com ações quase sempre de curta duração, com rara continuidade. O projeto político de segurança pública do estado do Rio de Janeiro,

8. Soares, L. E. *Meu casaco de general*: quinhentos dias no *front* da segurança pública do Rio de Janeiro: Companhia das Letras, 2000. p. 111.

9. Idem, p. 111-2.

chamado Unidades de Polícia Pacificadora (UPP), iniciado em 2008, tem sido uma tentativa de diminuir a criminalidade. O projeto prevê que a UPP policial seja acompanhada pela UPP social para garantir ações que visem garantir a promoção da dignidade humana. Todavia, constatamos que muitas UPPs sociais não estão funcionando adequadamente, o que fragiliza a política inicialmente prevista.[10]

Se a população pauperizada está mais exposta à ação das polícias e, se os delitos cometidos por seus partícipes estão expostos à visibilidade pública, o mesmo não ocorre com as elites. Seus representantes vivem em grandes condomínios, cercados de segurança diversificada, os serviços de infraestrutura e lazer estão, em geral, inclusos no espaço de moradia, as polícias não lhes são necessárias — criam seus próprios mecanismos de policiamento e proteção. Tudo isto leva a crer que os integrantes da elite são assépticos *a priori* às relações duvidosas do mundo do crime. Em princípio, são sujeitos "de bem", moralmente corretos, aceitos e, não raro, com trânsito livre nas instâncias do poder político e econômico.

A suspeição sobre o comportamento de negros e pardos, mal vestidos, distantes de um padrão estético dominante, aponta para a exclusão moral que estigmatiza estes sujeitos: são comuns as expressões "com jeito de bandido", "elemento em atitude suspeita", "motorista de carro suspeito".

Uma das formas de combate aos pobres referida anteriormente diz respeito ao fato de que penalizar a miséria significa "tornar

10. Disponível em: <www.uppsocial.org/programa>. Acesso em: 23 abr. 2013.

invisível" a discriminação que se opera sobre negros, pardos e brancos pobres, sobre os quais recai uma vigilância especial das polícias, assim como são bastante dificultadas as condições de acesso à ajuda jurídica e, não raro, são cruéis as condições de aprisionamento e de violência institucional. Wacquant (2001a) aponta que a insegurança decorrente da criminalidade é muito agravada pelo uso rotineiro da violência letal e, podemos completar, pelas práticas já banalizadas de corrupção e participação de policiais em delitos.

A outra face da criminalidade nem sempre desperta a atenção dos telespectadores e ouvintes. Trata-se do mercado da economia lícita produzida, exatamente, a partir da profusão de formas novas de delitos. Constitui esta economia florescente, principalmente, nos últimos trinta anos, toda a parafernália de instrumentos de prevenção e combate ao crime: grades, visores, blindagem de carros, alarmes diversos, cães adestrados, cursos de defesa pessoal, armas, algemas, detectores de metais, câmeras, tornozeleiras eletrônicas, dentre outros. No entanto, com o aumento da população carcerária que já se iniciava na década de 1990 e a precariedade das estruturas físicas das unidades prisionais, acrescidos da dificuldade do poder público na gestão penitenciária, deu-se início à discussão sobre a privatização das prisões. Em 1999 essa ideia foi consolidada com a inauguração da primeira unidade prisional privatizada no Brasil, situada no estado do Paraná, em caráter experimental, ficando o gerenciamento da gestão a cargo da empresa privada, nos moldes do modelo americano. Porém, diante de críticas em relação ao lucro obtido por essas empresas, foi adotado um novo modelo de gestão — o da Parceria Público-Privada

(PPP) com base no modelo francês de gestão conjunta entre empresa e Estado. Essa nova modalidade de gestão penitenciária teve início em janeiro de 2013, quando foi inaugurada a unidade prisional de Ribeirão das Neves no estado de Minas Gerais. Além desses dois estados, Ceará, Amazonas, Bahia, Espírito Santo e Pernambuco também aderiram a essa modalidade de gestão.[11]

A criminalidade produz, pois, ganhos incontestáveis no mercado da economia lícita, que até o momento, no Brasil, não se tem notícias de que tenham sido contabilizados. Como o quarto país no mundo que mais encarcera pessoas, o Brasil chega ao ano de 2013 com uma população prisional da ordem de 550 mil presos. Nesse ritmo, a construção das PPP poderá ser a grande justificativa para passar à iniciativa privada, uma obrigação que é do Estado, sob o discurso de que é menos custoso e mais eficaz. Além disso, no Rio de Janeiro, com a superpopulação carcerária, a violência endêmica e condições absolutamente subumanas de alojamento, o governo vem sucateando alguns serviços essenciais no sistema prisional, como o de médicos, assistentes sociais, psicólogos, nutricionistas, técnicos de enfermagem, enfim, os da área técnica. Este sucateamento produz a justificativa para a realização de contratos temporários de profissionais, o que vem a ser uma das facetas da privatização.

---

11. Disponível em: <http://www.webartigos.com/artigos/privatizacao-das-prisoes/116998/>. Acesso em: 2013; artigo publicado em 2009 sob o título "As parcerias público-privadas no sistema penitenciário brasileiro". Disponível em: <http://jus.com.br/artigos/13521/as-parcerias-publico-privadas-no-sistema-penitenciario-brasileiro>; e no *site* do Centro de Estudos em Segurança Pública (CESeC) da Universidade Cândido Mendes, publicado na revista *Época*, 9 abr. 2007. Disponível em: <http://www.ucamcesec.com.br/participacao/privatizar-resolve/>.

O discurso do menor custo e de maior eficácia cai por terra quando, segundo Lemgruber (2001),[12] nos EUA, berço da privatização das prisões, o General Accouting Office, órgão do governo norte-americano, ao analisar os estudos comparativos entre prisões públicas e privadas sobre a eficácia dessas prisões em vários estados daquele país, concluiu que

> não existem evidências de que as prisões privadas custem menos que aquelas geridas pelo poder público [...]. Funcionários de prisões privadas revelaram sofrer pressão para punir os presos com rigor, mesmo pelas faltas mais leves, de tal forma que possam ser adiadas as concessões de livramento condicional [...]. Além de não existirem estudos comparativos demonstrando serem as prisões privadas menos caras, não há qualquer indicação de que estas prestem um serviço de melhor qualidade [...]. É a privatização ameaçando o cumprimento da pena dentro da legalidade (Lemgruber, 2001, p. 17).

Não é surpresa que onze anos depois, a matéria publicada por Paul Krugman[13] no jornal *Folha de S.Paulo*, em 23 jun. 2012, sob o título "Prisões, privatização e padrinhos",[14] confirme o já apontado por Lemgruber (2001). A matéria de Krugman se refere a uma série de reportagens de jornalismo investigativo publicadas no *The New York Times* sobre as unidades de regime semiaberto de Nova Jersey — "que serve como ala auxiliar, operada pelo setor privado,

12. Lemgruber, Julita. Controle e criminalidade: mitos e fatos. *Think Tank*, São Paulo, Instituto Liberal do Rio de Janeiro, 2001.

13. Paul Krugman é prêmio Nobel de Economia (2008), colunista do jornal *The New York Times* e professor na Universidade Princeton (EUA). Um dos mais renomados economistas da atualidade, é autor ou editor de 20 livros e tem mais de 200 artigos científicos publicados.

14. Disponível em: <http://www1.folha.uol.com.br/colunas/paulkrugman/1109013-prisoes-privatizacao-e-padrinhos.shtml>.

do sistema penitenciário estadual". Diz a matéria que, em 2010, o governador dessa cidade, Chris Christie, "que tem conexões pessoais com a Community Education Centers, a maior operadora dessas instalações, para a qual no passado trabalhou fazendo *lobby*, descreveu as operações da empresa como 'uma representação do que há de melhor no espírito humano'". Entretanto, a série de reportagens revelou "em lugar disso, algo mais próximo ao inferno — um sistema mal gerido, com escassez de funcionários e equipes desmoralizadas". Conclui Krugman que

> [...] apesar das muitas promessas de que privatizar penitenciárias resultaria em grande economia de custos, essa economia — como concluiu um estudo abrangente conduzido pelo Serviço de Assistência Judiciária, parte do Departamento da Justiça norte-americano — "simplesmente não se concretizou". Os operadores privados de penitenciárias só conseguem economizar dinheiro por meio de "reduções em quadros de funcionários, nos benefícios conferidos aos trabalhadores e em outros custos trabalhistas [...]". Trata-se, na verdade, quase certamente de apenas um vislumbre de uma realidade cada vez mais presente, de uma conexão corrupta entre privatização e apadrinhamento que está solapando as funções do governo em muitas regiões dos Estados Unidos.

Segundo Dieter (2013) as privatizações das prisões nos EUA não estão tendo o efeito produtivo esperado para o país, pois hoje a população carcerária americana já ultrapassa 2,3 milhões de pessoas, o que mostra que este modelo de encarceramento, somado à racionalização econômica das políticas públicas e à criminalização dos pobres, "presas fáceis" do sistema de justiça criminal, como aponta Wacquant, está fadado ao fracasso. Diz ainda Dieter que, na tentativa de conter a criminalidade, os operadores de justiça dos EUA resgataram um modelo utilizado no século XIII chamado "lógica atuarial" (probabilidade matemática) com o objetivo de controlar socialmente os considerados grupos de risco, levando-os a uma "incapacitação seletiva".[15] Este modelo funciona a partir de uma tabela de classificação por faixas de riscos: alto, moderado ou baixo. A operacionalidade se dá por meio de uma listagem dos possíveis criminosos disponível para consulta *on-line*. As listas são distribuídas em escolas, instituições e o objetivo principal é dar visibilidade a quem é considerado criminoso. O instrumento consta de nome, altura, peso, tatuagem e sinais particulares, antecedentes criminais, fotografias e endereços por onde o criminoso tenha residido. Vários estados americanos já adotaram essa prática, o que remete a um recrudescimento do controle social.

Diante da gravidade do sistema prisional brasileiro, Dieter (2013) aponta ser perfeitamente compreensível o impulso de se adotar a "lógica atuarial" como padrão de racionalidade na gestão da aplicação da pena e na sua execução. Esse poderá vir a ser mais um investimento tecnológico de controle e discriminação social de alto custo aos cofres públicos na ilusória tentativa de reduzir a criminalidade, enquanto os recursos financeiros para investimento nas políticas públicas sociais continuam reduzidos reforçando a desigualdade social.

Sabe-se que as prisões operam numa quase total falta de transparência quanto à gestão da vida cotidiana de presos e

15. O autor faz uma analogia com o conceito de "incapacidade civil" descrito no Código Civil brasileiro (arts. 3º a 5º do CC) que se refere às pessoas que não estão aptas ao exercício ou gozo de seus direitos. Nesse sentido, os segmentos mais vulneráveis da população, já excluídos pelo estado do gozo de seus direitos, são selecionados como apresentando potencial de risco e, portanto, considerados incapazes de viver em sociedade.

familiares. É um isolamento mudo e surdo: do lado de fora dos muros pouco se sabe, pouco se conhece acerca dos problemas que ocorrem internamente. A interrupção desta surdez e mudez se faz, geralmente, nos momentos de grandes motins, quando a revolta e a indignação dos presos se processam de forma violenta, culminando na apreensão de reféns e em mortes. Também se rompem, quando visitantes de organizações de direitos humanos e afins emitem seus relatórios de visitas, denunciando maus-tratos físicos, psicológicos, superlotação, ociosidade, falta de assistência jurídica, precária assistência médica. Ou, ainda, quando personalidades públicas são presas, tal como ocorreu em 2013 com os chamados "mensaleiros", noticiado pela mídia.[16] O jornal *O Globo*, de 1º dez. 2013, na sua coluna Opinião, faz um alerta: "os presídios precisam estar permanentemente na agenda do poder público [...] diante de um quadro de graves desrespeitos aos direitos dos presos, que só piora com o aumento exponencial da população carcerária".

Também em 2013, no documentário intitulado "Presídios brasileiros vivem situação dramática",[17] o Conselho Nacional de Justiça informou que em 2012 foram devolvidos, pelos estados, aos cofres públicos, o valor de 110 milhões de reais por falta de investimentos dos gestores da administração penitenciária. Dentre os estados que mais devolveu dinheiro à União está o Rio de Janeiro que, em 2012, devolveu o valor de R$ 26.749.929,06!!!

16. Disponível em: <http://carceraria.org.br/realidades-do-sistema-prisional-vem-a-tona-com-as-prisoes-do-mensalao.html>; <http://www.conectas.org/pt/acoes/justica/noticia/8472-prisoes-do-mensalao>; <http://jcrs.uol.com.br/site/noticia.php?codn=141920>.

17. Disponível em: <http://g1.globo.com/globo-news/globo-news-especial/videos/t/todos-os-videos/v/presidios-brasileiros-vivem-situacao-dramatica/2946557/>.

Enquanto isso, a população adoece e morre por falta de assistência médica e de outros profissionais das áreas de saúde e assistência penitenciária.

Se as prisões lotadas ainda não conseguiram obter o intento que muitos acreditam atingir, ou seja, do rebaixamento dos índices de criminalidade, também deve-se perguntar por que a ideologia ressocializadora não está sendo eficaz na contenção e neutralização da juventude pobre. As prisões dos séculos XVIII e XIX foram projetadas como "fábricas de disciplina", conforme nos diz Foucault.[18] Seriam as prisões de hoje prestadoras de serviço à sociedade no sentido de se consolidarem como fábricas de exclusão moral?

Apesar de ambientes prisionais cronificados por toda a ordem de aviltamento às leis e, consequentemente, aos direitos civis dos presos e de seus familiares, seguidamente ouvimos depoimentos de que os presos não são suficientemente punidos ou, ainda, de que obtiveram seus direitos legais (progressão de regime ou livramento condicional) "prematuramente". A crítica corrente de que organizações da sociedade se colocam ao lado dos "direitos humanos" também se faz seguidamente presente a ponto de ainda hoje se confundir "direitos humanos" como "direitos de bandidos". Caldeira[19] discutiu esta questão na década de 1980, mas nem o tempo decorrido fez seu texto perder a atualidade.

---

18. FOUCAULT, Michael. *Vigiar e punir*: história da violência nas prisões. Petrópolis: Vozes, 2001a.

19. CALDEIRA, T. P. Direitos humanos ou "privilégios de bandidos"? Desventuras da democratização brasileira, *Novos Estudos*, n. 30, p. 1620, jul. 1991. Disponível em: <http://novosestudos.uol.com.br/v1/files/uploads/contents/64/20080624_direitos_humanos_ou_privilegios_de_bandidos.pdf>.

Diz a autora no tocante à questão dos direitos humanos:

> De reivindicação democrática central no processo da chamada abertura política, defendida por amplos setores da sociedade, os direitos humanos foram transformados, no contexto das discussões sobre criminalidade, em "privilégios de bandidos" a serem combatidos pelos "homens de bem" (Caldeira, 1991, p. 162).

Diante do exposto, deve-se ter presente que o aparato legal existente, seja em nível internacional, nacional, estadual e local, é um parâmetro essencial se considerarmos o Estado democrático de direito. A discussão, no entanto, deve abranger a questão de até que ponto os agentes do Estado garantem a efetividade das leis. O'Donnell[20] subsidia a reflexão ao nos indicar que:

> O estado burocrático pode estar presente, na forma de prédios e funcionários pagos pelos orçamentos públicos. Mas, o Estado legal está ausente: qualquer que seja a legislação formalmente aprovada existente, ela é aplicada, se tanto, de forma intermitente e diferenciada (O'Donnell, 1991, p. 346).

A efetividade da legislação, por sua vez, é distorcida pelas práticas culturais cultivadas dentro da prisão: são poderes privatizados que dominam as regras cotidianas de vida dos presos, emanadas dos funcionários (pequenos castigos fora das sanções legais previstas), assim como a ocorrência de maus-tratos. Tais regras também se instalam entre os presos, gerando formas de opressão, aviltamento e formação de facções, que ora trabalham

20. O'Donnell, G. et al. *Democracia, violência e injustiça:* o não Estado de direito na América Latina. São Paulo: Paz e Terra, 1991. p. 346.

em direção à proteção do "coletivo" de presos, ora utilizam-se da violência física para impor suas lideranças e marcar seus territórios de domínio, dentro e fora das prisões. Nada mais exemplar do que o ocorrido recentemente no Presídio de Pedrinhas, no Maranhão, para ilustrar o horror das prisões brasileiras.[21]

Esta questão da formação das facções no interior das prisões foi adquirindo visibilidade e publicidade lentamente ao longo das últimas décadas. No estado do Rio de Janeiro, por exemplo, as administrações penitenciárias na década de 1980 não publicizaram a questão da formação de facções. O transbordamento gradual dessas organizações para fora dos muros da prisão, na disputa dos territórios geográficos da cidade com vistas ao desenvolvimento do comércio de drogas, propiciou visibilidade aos elos entre a criminalidade, com suas renovadas formas, e a população presa no interior das prisões.

As relações sociais formadas no interior das prisões têm sido objeto de estudos de diferentes autores.[22] Todos apontam as estratégias de sobrevivência criadas pelos presos para sobrepor-se ao ambiente hostil, as submissões e coerções entre presos, entre presos e funcionários, o linguajar típico — quase um dialeto, a criatividade e inventividade dos presos para gerenciar a falta de recursos materiais. Enfim, a imensa riqueza cultural gerada a partir da vida anômala, em confinamento, durante anos, dias e horas...

Entendemos que as questões apresentadas até aqui são imprescindíveis para contextualizar os procedimentos técnicos ne-

21. Disponível em: <http://www1.folha.uol.com.br/opiniao/2014/01/1395070-paulo-sergio-pinheiro-a-cronica-das-decapitacoes-anunciadas.shtml>.

22. Goffman, E. (1972), Ramalho, J. Ricardo (1987), Thompson, Augusto (1993), Ribeiro, Nádia D. (1996), Lima, Willian da S. (1999), Varela, Dráuzio (2000).

cessários à construção do exame criminológico. No entanto, para discutir a especificidade de tal exame, será abordada a seguir sua origem histórica.

3. Exame criminológico: sua origem e implicações

A história das práticas sociais, dentre elas as práticas judiciárias, produziram ao longo dos séculos certos domínios do saber, novos conceitos, novas técnicas, novos sujeitos do conhecimento.

Para que possamos ampliar nossa reflexão sócio-histórica acerca do exame criminológico como um instrumento de avaliação e analisar seus efeitos sobre a subjetividade do homem preso, utilizamo-nos aqui de algumas análises de Foucault, um dos filósofos que mais se debruçou sobre as práticas judiciais e seus aparelhos de controle, dentre eles a instituição prisional.

Na história das técnicas empregadas na construção de um saber científico sobre o homem, surge, no final da Idade Média, as chamadas "técnicas de inquérito", utilizadas nas pesquisas pelos cientistas de diferentes áreas, inclusive no campo jurídico, como "uma forma de pesquisa de verdade no interior da ordem jurídica, para saber exatamente quem fez o quê, em que condições e em que momento" (Foucault, 2002, p. 12).

No século XIX, a ideologia positivista tomou força, formando "um certo saber do homem, da individualidade, do indivíduo normal e anormal, dentro ou fora da regra, saber este que, na verdade, nasceu das práticas sociais de controle e de vigilância"

(Foucault, 2002, p. 8). Desaparece o suplício dos corpos como alvo principal da repressão penal, característico da Idade Média, e surgem mecanismos mais sutis de punição: o aprisionamento não só do corpo, mas principalmente da alma. Não bastava apenas saber quem cometeu o crime e puni-lo; tornava-se necessário conhecer a alma do criminoso para que, assim, pudesse prevenir o cometimento de novos delitos:

> Toda a penalidade do século XIX passa a ser um controle, não tanto sobre se o que fizeram os indivíduos está em conformidade ou não com a lei, mas ao nível do que podem fazer, do que estão sujeitos a fazer, do que estão na iminência de fazer (Foucault, 2002, p. 85).

Sob o discurso do conhecimento científico, constrói-se a teoria penal da periculosidade e com ela novas formas de análise sobre o homem, particularmente do homem criminoso, onde a técnica do "exame" permitirá, segundo pensamento da época, desvendar a personalidade do sujeito, de modo que se possa predizer o seu comportamento e corrigi-lo. Surgem então a Sociologia, a Psicologia, a Criminologia, a Psicopatologia e a Psicanálise para dar conta dessa nova forma de análise.

A prisão, "peça essencial no conjunto das punições, marca certamente um momento importante da história da justiça penal: seu acesso à "humanidade" (Foucault, 2001, p. 195). Sua função não é mais apenas privar o indivíduo de sua liberdade, mas controlá-lo no nível da sua periculosidade e "corrigir suas virtualidades" (Foucault, 2002, p. 86), de modo que possa retornar à sociedade "reeducado" ou "curado". O criminoso, no final do século XIX e início do século XX, era visto como um indivíduo anormal, com características físicas e psíquicas determinadas, um sujeito naturalmente perigoso.[23]

A Criminologia positivista do século XIX orienta a fundamentação científica da lei penal e da justiça penal para entender as causas do crime, por meio do estudo criminológico da pessoa do delinquente.

No início do século XX, fundamentado nos princípios positivistas, surge o Código Penal (CP) em 1940 e, com ele, os Exames de Verificação de Cessação de Periculosidade (EVCP), que eram realizados ao final dos prazos estabelecidos para as medidas de segurança[24] impostas aos indivíduos considerados inimputáveis ou semi-imputáveis[25] ou aos condenados julgados perigosos. A finalidade do EVCP era avaliar, ao final da internação ou da condenação, os efeitos do tratamento penal.

Com a reforma da Parte Geral do Código Penal em 1984, surge, neste mesmo ano, a Lei de Execução Penal (LEP), que passa a regular o cumprimento das penas e das medidas de segurança no Brasil, com o objetivo de "efetivar as disposições de sentença ou decisão criminal e proporcionar condições para a harmônica integração social do condenado e do internado" (art. 1° da LEP).

A LEP introduz o sistema prisional progressivo, objetivando uma reintegração gradual à sociedade, no qual o preso deve iniciar sua pena no regime fechado, seguindo um período no regime

---

23. Lombroso, C., psiquiatra italiano, principal representante dessa corrente de pensamento, que em 1876 publicou o livro *L'Uomo delinquente*, influenciando o surgimento da Criminologia do início do século XX, cujo principal seguidor foi o psiquiatra Heitor Carrilho.

24. Título VI: "Das Medidas de Segurança", arts. 96, 97, 98 do Código Penal.

25. Título III: "Da Imputabilidade Penal", art. 26 do Código Penal.

semiaberto, no qual poderá sair durante o dia para trabalhar e/ ou visitar seus familiares e, finalmente, antes do término da pena, recebe a liberdade condicional.

Com o novo Código Penal e a LEP, o EVCP deixa de ser aplicado aos condenados imputáveis e surge o "Exame Criminológico", que passa a ser obrigatório para os condenados à pena privativa de liberdade, não só no início da execução da pena (art. 34 do CP e art. 8º da LEP), mas também por ocasião do livramento condicional (art. 83, parágrafo único, do CP), facultando a sua realização quando o regime inicial for o semiaberto (parágrafo único do art. 8º da LEP) ou por ocasião da progressão de regime (passagem do regime fechado para o semiaberto). No início da pena, o exame criminológico tem como objetivo conhecer a personalidade do criminoso e assim orientar a execução penal, ao passo que, ao final da pena, seu objetivo é presumir se o condenado voltará ou não a delinquir. Esta é uma questão polêmica à qual retomaremos mais adiante.

Vejamos o que dizem os citados artigos do Código Penal e da LEP:

> Art. 34 do CP — O condenado será submetido, no início do cumprimento da pena, a exame criminológico de classificação para a individualização da execução.
>
> Art. 83 do CP — Parágrafo único: para o condenado por crime doloso, cometido com violência ou grave ameaça à pessoa, a concessão do livramento ficará também subordinada à constatação de condições pessoais que façam presumir que o liberado não voltará a delinquir.
>
> Art. 8º da LEP — O condenado ao cumprimento da pena privativa de liberdade, em regime fechado, será submetido a exame criminológico

> para obtenção de elementos necessários a uma adequada classificação e com vistas à individualização da pena.
>
> Parágrafo único — Ao exame de que trata esse artigo poderá ser submetido o condenado ao cumprimento da pena privativa de liberdade em regime semiaberto.
>
> Art. 112 da LEP — A pena privativa de liberdade será executada em forma progressiva, com a transferência para regime menos rigoroso, a ser determinado pelo juiz, quando o preso tiver cumprido ao menos um sexto da pena no regime anterior e seu mérito indicar a progressão.
>
> Parágrafo único. A decisão será motivada e precedida de parecer da Comissão Técnica de Classificação e do exame criminológico, quando necessário.

Com a Lei n. 10.792, de 1º de dezembro de 2003, ainda em vigor, esse artigo passou a ter a seguinte redação:

> Art. 112. A pena privativa de liberdade será executada em forma progressiva com a transferência para regime menos rigoroso, a ser determinada pelo juiz, quando o preso tiver cumprido ao menos um sexto da pena no regime anterior e ostentar bom comportamento carcerário, comprovado pelo diretor do estabelecimento, respeitadas as normas que vedam a progressão.
>
> § 1º A decisão será sempre motivada e precedida de manifestação do Ministério Público e do defensor.
>
> § 2º Idêntico procedimento será adotado na concessão de livramento condicional, indulto e comutação de penas, respeitados os prazos previstos nas normas vigentes. (NR).

Observa-se que o novo texto retira da CTC a obrigatoriedade de emitir parecer, bem como de exigir o exame criminológico para concessão de LC, indulto e comutação. Em substituição, introduz um atestado de bom comportamento emitido pela direção do estabelecimento prisional além do tempo de cumprimento da pena exigido pela lei. O exame criminológico ficou mantido apenas no início da execução da pena. A Lei de Execução Penal marca assim o Exame Criminológico como instrumento norteador do princípio da individualização da pena privativa de liberdade e, com ele, a presença de psiquiatras, psicólogos e assistentes sociais permanece obrigatória em todas as unidades prisionais. Esses profissionais, por meio de seus pareceres, passam a subsidiar o Sistema de Justiça Criminal na tomada de decisões para a concessão dos direitos legais. Segundo Foucault:

> É a implantação, na administração penitenciária, de serviços médico-psicológicos encarregados de dizer como, ao longo do desenrolar da pena, se dá a evolução do indivíduo, ou seja, o estágio de perversidade e o nível de perigo que o mesmo ainda apresenta neste ou naquele momento da pena, sendo entendido que, caso atinja um nível suficientemente baixo de perigo e perversidade, ele poderá ser libertado, ao menos de forma condicional (Foucault, 1999, p. 34).

A reunião desses profissionais, acrescidos de dois chefes de serviço da unidade prisional, compõe a Comissão Técnica de Classificação (CTC), instituída pela LEP, para nortear a forma do cumprimento da pena, bem como servir de parâmetro para a observação do preso durante a execução daquela. Individualizar significa especializar a execução tendo em vista a personalidade do sentenciado (arts. 5º e 6º da LEP):

> Art. 5º — Os condenados serão classificados segundo seus antecedentes e personalidade, para orientar a individualização da pena.
>
> Art. 6º — A classificação será feita por Comissão Técnica de Classificação que elaborará o programa individualizador e acompanhará a execução

> das penas privativas de liberdade e restritivas de direitos, devendo propor à autoridade competente, as progressões e regressões de regimes, bem como as conversões.

A Lei n. 10.792/2003 alterou o artigo 6º. que passou a ter a seguinte redação:

> Art. 6º — A classificação será feita por Comissão Técnica de Classificação que elaborará o programa individualizador da pena privativa de liberdade adequada ao condenado ou preso provisório (NR).

A nova redação retira da CTC a obrigatoriedade de acompanhar a execução da pena deixando, portanto, de emitir parecer para concessão dos direitos legais.

O artigo 7º da LEP define a composição da Comissão Técnica de Classificação (CTC):

> Art. 7º — A Comissão Técnica de Classificação, existente em cada estabelecimento, será presidida pelo diretor e composta, no mínimo, por dois chefes de serviço, um psiquiatra, um psicólogo e um assistente social, quando se tratar de condenado à pena privativa de liberdade.

O programa individualizador a que se refere o art. 6º da LEP apoia-se no princípio da individualização da pena, que abrange:

- **o princípio da personalidade**: a pena deve ser dirigida à determinada pessoa, de forma a atender às suas características individuais, bem como oferecer meios para o seu retorno ao convívio social, oferecendo trabalho de acordo com suas aptidões, acesso à instrução e à formação profissional;

- **o princípio da proporcionalidade**: a cada sentenciado, conhecida a sua personalidade e analisado o fato cometido, corresponda o tratamento penitenciário adequado;
- **o princípio da humanidade**: toda pessoa será tratada com o devido respeito à dignidade humana. A pena deve adequar-se ao homem.

O exame criminológico inicial deverá ser realizado pela Comissão Técnica de Classificação no Centro de Observação Criminológica, conforme disposto nos arts. 96, 97 e 98 da LEP, devendo ser orientado "no sentido de conhecer a inteligência, a vida afetiva e os princípios morais do preso para determinar a sua inserção no grupo com o qual conviverá no curso da execução da pena".[26]

> Art. 96. No Centro de Observação realizar-se-ão os exames gerais e o criminológico, cujos resultados serão encaminhados à Comissão Técnica de Classificação.
>
> Parágrafo único: No Centro de Observação poderão ser realizadas pesquisas criminológicas.
>
> Art. 97. O Centro de Observação será instalado em unidade autônoma ou em anexo a estabelecimento penal.
>
> Art. 98. Os exames poderão ser realizados pela Comissão Técnica de Classificação, na falta do Centro de Observação.

Subentende-se que os resultados do exame criminológico inicial sejam encaminhados às Comissões Técnicas de Classificação das unidades prisionais onde o preso cumprirá sua pena, para

26. Exposição de Motivos da Lei de Execução Penal, 1983, p. 5.

que, efetivadas as orientações sugeridas no referido exame, se processe a individualização da pena.

No sistema penitenciário do Rio de Janeiro, diante da inexistência do Centro de Observação Criminológica (COC) e para dar conta da exigência legal, foi criado em 1999 o Plano Individualizado de Tratamento (PIT), realizado pela equipe técnica para fins da individualização da pena, buscando inserir o sentenciado no grupo com o qual iria conviver no curso da execução da pena. No entanto, diferentemente de seus objetivos, a inserção do sentenciado ficava (e ainda fica) a critério das chamadas facções criminosas a que os presos se diziam pertencer, em detrimento das indicações apontadas no estudo realizado pela equipe técnica. Este foi um dos motivos que culminou no término do PIT em 2004.

Vale salientar que, para que esse exame pudesse cumprir a sua finalidade, o sistema prisional deveria acolher as indicações propostas no exame criminológico inicial e oferecer na sua política penitenciária serviços capazes de responder a essas propostas. Porém, o que se viu foram programas e projetos pontuais, nem sempre apresentando continuidade e não conseguindo sobreviver às exigências impostas pelas áreas de segurança e disciplina. Deve ser destacado que, em muitas unidades prisionais, inexistia (e ainda inexistem) critérios de separação de presos primários daqueles reincidentes ou de presos provisórios dos condenados. E mais, em algumas unidades convivem presos dos três regimes de pena (fechado, semiaberto e aberto).

Na verdade, a política penitenciária no Brasil não é tratada pelos governos de forma muito diversa das demais políticas públicas em geral: os recursos são escassos, sofrem de grande burocracia para sua liberação, agravadas com a falta de compromisso em investir em sujeitos confinados, cuja exclusão moral está identificada com a falta de perspectiva de retorno e de credibilidade na sua reinserção entre os "homens de bem".

Acresce às questões elencadas o fato de que, no Rio de Janeiro, é bastante corrente, nos depoimentos de gestores do sistema penitenciário,[27] a influência das facções a que os presos se dizem pertencer, na lotação destes nas unidades, em detrimento das indicações apontadas pela equipe responsável pelo exame criminológico inicial.

Os dados do Depen, ao longo dos anos, têm apontado sistematicamente que a população prisional é formada de pessoas jovens, pobres, negras ou pardas e de baixa escolaridade, trabalhadores de um mercado informal, principalmente o de tráfico de drogas. Esses dados nos indicam ser desejável que todo profissional possua uma visão histórica e política das leis, das instituições e dos mecanismos sociais de exclusão, para atuar de forma crítica na construção dos pareceres que compõem os exames criminológicos, apesar das inúmeras críticas que profissionais dentro e fora do sistema costumam tecer acerca do exame criminológico, à sua forma de elaboração e ao uso que é feito dele.

Rauter, em seu texto "Diagnóstico psicológico do criminoso: tecnologia do preconceito" (1989), aponta que, com a criação das CTCs:

> Toda a vida do condenado numa instituição prisional passa a subordinar-se a um exame e avaliação formulada por uma equipe integrada por

27. Depoimentos obtidos em pesquisa realizada por uma das autoras pelo Centro de Estudos de Segurança e Cidadania da Universidade Cândido Mendes (CESeC-RJ), nos anos de 2003 e 2004.

> "cientistas humanos". Pretende-se certamente revestir esses procedimentos de certo grau de cientificidade, emanando daí sua confiabilidade. Saúda-se a inovação como um considerável avanço no sentido da humanização e da modernidade do tratamento penitenciário [...]. O sistema penitenciário pode, assim, travestir-se de uma roupagem científica, disfarçando, até certo ponto, seu papel político-ideológico e modernizando seus métodos (Rauter, 1989, p. 10).

Com relação ao laudo psicológico, por exemplo, considera Rauter que atender ao disposto no art. 83 do CP, fornecendo "uma espécie de retrato fiel daquilo que se passa no interior do indivíduo [...] e mais ainda, uma previsão sobre as possibilidades de vir a reincidir no erro", é uma espécie de "exercício de futurologia", do qual a Justiça se utiliza considerando estar respaldada num conhecimento científico.

Seguem abaixo as críticas mais comuns aos exames criminológicos a despeito de sua continuidade e exigência legal:

- cientificidade questionável;
- risco de o instrumento ser fonte de arbitrariedades;
- instrumento de dominação escondido sob o manto da cientificidade;
- eticamente discutível, pois colhem-se informações particulares que passam a ser acessíveis a outras pessoas;
- quanto à forma de elaboração do exame, utiliza-se a história de vida do sujeito como justificativa do ato criminoso, aprisionando-o perpetuamente ao seu passado;
- utiliza-se de critérios duvidosos para a conclusão de pareceres favoráveis, tais como bom comportamento na prisão, ou seja, a adequação às normas institucionais é

interpretada como "indivíduo ressocializado" ou, ao contrário, um preso que se rebele contra as arbitrariedades da prisão é considerado um provável reincidente.

Sabe-se que tanto a prisão quanto os dispositivos que a constituem estão bem vivos e nada indica que haverá mudanças significativas a curto ou médio prazo, pois, como dissemos no item 1, a criminalidade produz ganhos incontestáveis no mercado da economia lícita e, cada vez mais, a sociedade clama pelo agravamento das penas.

Até aqui foram abordadas uma série de questões que perpassam o exame criminológico: as condições históricas que propiciaram a criação de uma nova forma de punir e o exame como um instrumento privilegiado nesta prisão nos moldes como é conhecida na atualidade. Além disso, buscou-se refletir sobre como os conceitos e a concretude da prisão e do fenômeno da criminalidade tornaram-se indissociáveis no imaginário da população, com efeitos diretos na formação de opiniões e no fomento da indústria de segurança.

Alguns profissionais podem ter consciência de tudo que foi apresentado e serem críticos quanto às suas práticas, porém continuam vivenciando o impasse cotidiano de "como fazer" o exame.

4. Impasses na construção do exame criminológico

A presença de profissionais na execução penal, entendida por Foucault como partícipes do moderno "suplício da alma", é um mandato da sociedade à instituição prisional, objetivada na legislação penal.

Os trabalhadores das prisões se situam seguidamente no imaginário institucional como pertencentes a dois grupamentos distintos: os inspetores de segurança penitenciária, que desempenham a custódia direta dos presos (vigiando locais, corpos, objetos), e aqueles profissionais que se envolvem com atividades no atendimento às pessoas presas — psicólogos, assistentes sociais, médicos, professores e outros. Estes últimos seriam os detentores do que Chauvenet[28] denomina de "tarefas nobres", enquanto os primeiros — os inspetores — seriam os executores de "tarefas sujas", invasivas da privacidade, intimidade e liberdade de locomoção dos presos.

Assim, os instrumentos com os quais os técnicos custodiam, se revestem de formas simbólicas, usualmente escondidas sob as vestes da burocracia institucional e justificadas seguidamente pelas "verdades" constituídas na cultura prisional.

O exame criminológico, portanto, se inscreve como um instrumento de custódia e representa não só um dilema teórico-metodológico, mas sobretudo um desafio ético.[29] Sua construção apresenta-se como um impasse tanto para os presos quanto para os profissionais. O sujeito preso percebe o momento da realização do exame como um "divisor de águas". Existe a fase anterior e a

28. Chauvenet, A. et al. *Lê monde de surveillant de prison*. Paris: PUF, 1998.

29. Sobre isso ler Bandeira, M. Marcia Badaró; Camuri, A. C.; Nascimento, A. R. Exame criminológico: uma questão ética para a psicologia e para os psicólogos. *Mnemosine*, v. 7, n. 1, p. 27-61, 2011. Disponível em: <http://www.mnemosine.cjb.net/mnemo/index.php/mnemo/article/viewFile/436/719>.

posterior ao exame e, a partir dele, estar-se-ia mais próximo da liberdade. A oportunidade de vislumbrar seu nome e RG impressos em documento vindo da Vara de Execuções Penais (VEP) ou da defensoria pública (solicitação do exame) traz consigo a certeza de que existe para a sociedade que o condenou, tendo também sua individualidade preservada no contexto da "massa carcerária".[30] Os presos atêm-se a questões de ordem prática e imediata. A preocupação quanto ao que deve ser relatado norteia a preparação sobre o que deve ou não ser dito. Informações são colhidas pelo preso com os colegas reincidentes ou que já se submeteram ao exame: manter ou mudar a versão contada ao Juiz que os condenou e, por vezes, o cuidado em contar histórias exatamente iguais para cada um dos profissionais. Cabe ao profissional desmontar a história pronta destinada a atendê-lo em sua suposta expectativa, rompendo a estereotipia de sua escuta e a da fala do preso, produzindo com ele, naquele instante, uma nova história que traga um outro sentido ao ato delituoso, articulando-a com o restante de sua história atual e pregressa. Não se trata aqui de desconhecer que seu discurso possa ser diferente da realidade dos fatos, pois suas "mentiras" ou histórias prontas são estratégias de sobrevivência diante de uma situação que poderá levá-lo à liberdade.

O profissional deve ter sempre em mente o momento posterior ao exame, quando este estará sendo apreciado pelos órgãos da justiça. Fazendo uma analogia com o impasse do preso sobre o que deve ou não dizer, também o profissional vivencia um impasse necessário em relação ao que dizer e como escrever. A pressuposta

30. Tanto presos quanto funcionários utilizam essa expressão para designar o coletivo de presos.

neutralidade do juiz na leitura e interpretação do texto da lei, na análise das provas de cada caso e em toda condução do processo configura-se como mais uma ficção do Direito, pois não é possível desconsiderar a interferência da subjetividade do jurista na formulação de sua convicção e na construção da sentença[31].

Com relação ao documento escrito para subsidiar decisões judiciais, observa-se que as terminologias — laudos, pareces, estudos, dentre outros — variam entre as categorias profissionais e conforme o campo de trabalho em que têm sido empregadas. No Sistema Penal do Rio de Janeiro, a terminologia "parecer" é utilizada tanto pelo serviço social quanto pela psicologia.

Para os assistentes sociais, o parecer é compreendido como o instrumento portador da interpretação profissional auferida a partir do movimento metodológico inaugurado pelo estudo social. Este, sem dúvida, é o momento de apreensão dos dados empíricos obtidos a partir das entrevistas, abordagens, visitas domiciliares, consultas a documentos que propiciam conhecer a situação dos presos examinados. O parecer, portanto, se distingue do estudo, constando este último de acervo dos técnicos e sob sigilo destes. Vale ressaltar que tanto nos pareceres dos assistentes sociais como dos psicólogos os dados empíricos, quando expostos sem nenhuma elaboração à luz de referências teóricas, podem ser objetos de interpretações de cunho discriminatório, com base em juízos de valor. Quem de nós, profissionais, já não entrou em contato com frases

31. Para uma discussão mais aprofundada sobre o tema, consultar Barros-Brisset, Fernanda Otoni de. *Psicologia em interface com a justiça e os direitos humanos.* Brasília: Conselho Federal de Psicologia (CFP), 2011. Disponível em: <http://site.cfp.org.br/wp-content/uploads/2011/05/psic_direitos_25-03-11_-_final.pdf>.

como: "[...] fruto de uma família desestruturada, não conheceu o pai", ou então "[...] não tem laços com pessoas extramuros, nunca foi visitado na prisão, criou-se na rua e nas instituições de menores abandonados, portanto...". Desse modo, o trabalho profissional implica ultrapassar a descrição dos dados empíricos utilizando conhecimento para comunicar às instâncias do Sistema de Justiça Criminal (administração penitenciária, Conselho Penitenciário, Juízo da VEP, Ministério Público e Defensoria Pública) as informações necessárias à obtenção dos benefícios legais devidos.

Na área da psicologia, a Resolução do Conselho Federal de Psicologia n. 007/2003 que "Institui o Manual de Elaboração de Documentos Escritos produzidos pelo psicólogo, decorrentes de avaliação psicológica", define como se constrói cada um deles e diz que "Parecer psicológico" não é um documento decorrente da avaliação psicológica. Segundo a Resolução,

> O psicólogo parecerista deve fazer a análise do problema apresentado, destacando os aspectos relevantes e opinar a respeito, considerando os quesitos apontados e com fundamento em referencial teórico-científico. Havendo quesitos, o psicólogo deve respondê-los de forma sintética e convincente, não deixando nenhum quesito sem resposta. Quando não houver dados para a resposta ou quando o psicólogo não puder ser categórico, deve-se utilizar a expressão "sem elementos de convicção". Se o quesito estiver mal formulado, pode-se afirmar "prejudicado", "sem elementos" ou "aguarda evolução" (Resolução CFP n. 007/2003, p. 9-10).

O documento resultante de avaliação psicológica, segundo a Resolução, é denominado relatório psicológico ou laudo psicológico que se constitui em

> [...] uma apresentação descritiva acerca de situações e/ou condições psicológicas e suas determinações históricas, sociais, políticas e culturais, pesquisadas no processo de avaliação psicológica. Como todo DOCUMENTO, deve ser subsidiado em dados colhidos e analisados, à luz de um instrumental técnico (entrevistas, dinâmicas, testes psicológicos, observação, exame psíquico, intervenção verbal), consubstanciado em referencial técnico-filosófico e científico adotado pelo psicólogo (idem, p. 7).

Portanto, na escrita do parecer social e psicológico é imprescindível a constante preocupação sobre a forma de como interpretar os dados empíricos obtidos nas entrevistas, tendo como suporte não apenas as disciplinas que fundamentam cada área profissional dos que atuam no sistema prisional, mas o conhecimento auferido de outras disciplinas tais como a Antropologia, Direito Penal, Criminologia, Economia, História, Sociologia e Psicanálise, de modo a não privilegiar uma visão reducionista do binômio delito-delinquente. Encontram-se nessas disciplinas construções teórico-metodológicas que permitem iluminar a análise das contradições sociais em uma perspectiva crítica. Portanto, este suporte teórico alavanca a possibilidade de evitar a rotinização de exames meramente descritivos, sem uma elaboração mental sobre os dados coletados nas entrevistas ou em qualquer outro instrumento necessário ao conhecimento da situação sobre a qual os profissionais devem se pronunciar.

O debate sobre a escrita do exame criminológico sempre foi atravessado pelas discussões ocorridas nas categorias profissionais envolvidas com essa prática, principalmente as de psicólogos e assistentes sociais. No caso dos psicólogos, em especial os do estado do Rio de Janeiro, a construção do parecer psicológico para fins de exame criminológico sempre causou certo incômodo, desde a década de 1980, diante da expectativa do judiciário de que pudessem revelar, por meio de seu parecer, comportamentos delinquentes futuros, como relatam Bandeira, Santos e Almeida (2009).[32] Tal expectativa produziu muitos questionamentos acerca desse "poder de verdades", tema já tão bem estudado e analisado por Foucault nos vários livros publicados,[33] nos quais aponta o exame como mais um dos instrumentos da engrenagem carcerária no jogo de forças entre saber e poder.

Os assistentes sociais, por meio do Conselho Federal de Serviço Social (CFESS), vêm debatendo desde 2002 a prática do assistente social no campo sociojurídico, incluindo aí o sistema prisional. Em 2013, no 42° Encontro Nacional CFESS/CRESS, realizado em Recife, foi deliberado que todos os Conselhos Regionais de Serviço Social (CRESS) deverão

> intensificar debates sobre o exame criminológico regional e nacionalmente, na perspectiva da garantia dos direitos da população usuária e das prerrogativas éticas e legais do/a assistente social; incidir politicamente na revisão do Código Penal, em articulação com os movimentos de direitos humanos, outras entidades de movimentos sociais, visando extinguir o parágrafo único do artigo 83 do Código Penal que prevê a realização de constatação de condições pessoais que presumam que o/a preso/a não voltará a reincidir, caso lhe seja concedida a liberdade condicional (Relatório do 42° Encontro Nacional CFESS/CRESS, p. 17).

---

32. Bandeira, M. Márcia Badaró; Almeida, O.; Santos, V. *A inserção e trajetória dos psicólogos do sistema prisional do Rio de Janeiro*: um resgate histórico, 2009. Disponível na Coordenação de Psicologia da Secretaria de Estado de Administração Penitenciária do Rio de Janeiro (Praça Cristiano Ottoni, s/n, 5° andar, sala 504, edifício Dom Pedro II, Central do Brasil, RJ).

33. Foucault, M. *Vigiar e punir*. Petrópolis: Vozes, 2001; *A verdade e as formas jurídicas*. Rio de Janeiro: NAU, 2002; *Microfísica do poder*. Rio de Janeiro: Graal, 2001.

No Rio de Janeiro, em 2009, assistentes sociais da Secretaria de Administração Penitenciária se reuniram para debater seu posicionamento político em face de sua participação no exame criminológico, bem como sobre a construção desse documento. As conclusões do debate foram encaminhadas ao CFESS e ao CRESS-RJ como contribuições dos assistentes sociais no documento intitulado "Notas sobre exame criminológico". Nesse documento destacaram que, "de acordo com o artigo 5º e inciso IV da lei de regulamentação da profissão — Lei n. 8.662, de 7 de junho de 1993, constituem atribuições privativas do assistente social:

> IV — Realizar vistorias, perícias técnicas, laudos periciais, informações e pareceres sobre a matéria de serviço social. Nesse sentido, o assistente social possui atribuição privativa na realização de estudos sociais e emissão de pareceres sociais, elementos articulados ao processo de elaboração de exame criminológico.

Ressaltam que o processo de estudo social, elaboração de relatório social e emissão de parecer social (etapas metodológicas do exame criminológico)

> consistem numa oportunidade extremamente relevante para o profissional construir um conhecimento complexo sobre a realidade social do preso — apresentando caráter descritivo, reflexivo e propositivo. Através desse instrumental o assistente social organiza processos de sistematização, investigação e levantamento de demandas para configuração de projetos de intervenção.

Embora os assistentes sociais do Rio de Janeiro tenham se posicionado a favor da manutenção do exame criminológico, levantaram, naquele encontro, alguns questionamentos:

- As limitações ou restrições estão relacionadas ao exame criminológico ou ao processo de trabalho do assistente social no sistema penitenciário?
- O problema é a elaboração do exame criminológico ou o uso mecanizado, interpretativo e avaliador do mesmo?;
- É necessário acabar com o exame criminológico ou efetivar políticas públicas voltadas à reinserção social/tratamento penal?;

Os assistentes sociais da SEAP-RJ, nesse sentido, reafirmam seu compromisso ético-político e destacam os entraves e problemas relacionados ao processo de elaboração do exame criminológico e, de maneira abrangente, a todo o processo de trabalho:

- O quantitativo reduzido de profissionais em relação à população carcerária do estado do Rio de Janeiro,[34] falta de recursos materiais e de condições de trabalho;
- Precarização dos processos de Mutirão Carcerário promovido pelo Conselho Nacional de Justiça, considerando ausência de legitimidade e qualidade desse trabalho;
- Ausência de espaço físico que resguarde a questão do sigilo profissional;

34. No Rio de Janeiro há, em 2014, um total de 84 assistentes sociais, dentre os quais 46 são efetivos, 3 ocupam cargos comissionados e 35 são contratados temporariamente para atendimento a 34 mil presos, o que significa dizer que são aproximadamente 405 presos para cada assistente social. No caso dos psicólogos são 97, dos quais 71 são estatutários e 26 contratados, na proporção semelhante ao número de presos para cada psicólogo. Agrava-se o fato de que, diante da falta de profissionais, cada psicólogo tem sido convocado a trabalhar em duas unidades prisionais, o que, além de sobrecarregar o profissional, afeta a qualidade do trabalho.

- Ausência de proposição e possibilidade de planejar ações e projetos sociais a partir do parecer social.

Para as assistentes sociais do Rio de Janeiro, portanto, "o exame criminológico pode ser um instrumental de grande importância no processo de "tratamento penal", ou seja, de identificar demandas de trabalho e sistematizar processos de monitoria e acompanhamento da execução penal. Nesse sentido, o parecer social oportuniza:

- processos investigativos e de sistematização;
- desenvolvimento de argumentos dos aspectos da vida social, cultural, política e econômica dos presos;
- direito e responsabilidade de participação do preso no processo de avaliação;
- contextualizar o espaço institucional como um dos fatores relevantes na análise de sua pena;
- oportunizar e esclarecer o preso sobre a progressão de regime (Trabalho Extramuro/TEM, Visita Periódica à Família/VPF) e livramento condicional;
- elaborar projetos de intervenção voltados ao público pré-egressos com o objetivo de realizar reflexões sobre a liberdade condicional.

Para alguns assistentes sociais, o parecer social que compõe o exame criminológico deveria ser exigido apenas para os casos de crimes considerados de maior potencial ofensivo e não de modo indiscriminado, como ocorre em alguns estados, por exemplo, no Rio de Janeiro.

Para fins de construção do estudo social com vistas ao exame criminológico, elencam abaixo alguns aspectos constitutivos desse estudo:

1 — **Inserção na vida prisional e relação com o delito** (que análise faz das relações que estabelece entre os companheiros e o corpo funcional)

- As formas que encontrou de inserção na prisão e ocupação do tempo — religião, trabalho, artesanato, dentre outros;
- As arbitrariedades e violência institucional que tenha sofrido;
- A sua percepção quanto ao ato delituoso no seu contexto de vida e no contexto da criminalidade;

2 — **Relações familiares: as de origens e as constituídas**

- O significado para sua vida do ponto de vista afetivo, da comunicação, das raízes e dos arranjos familiares;
- As identificações parentais; as relações e as origens de classe; valores e renda;
- O significado de sentimentos que experimentou na vivência familiar;

3 — **Escolarização: oportunidades**

- Oportunidades e formas de se relacionar com o mundo da escola;
- Apoio familiar para a escolarização;

4 — Experiência com outra instituições, quer sejam:

- Jurídicas
- Hospitalares
- Religiosas ou qualquer outra de relevância para sua vida pregressa, que sentimentos experimentou;

5 — Antecedentes psiquiátricos ou ocorrência de algum tipo de doença

- História de uso abusivo de álcool e outras drogas;

6 — Profissionalização e mercado de trabalho

- Acesso aos direitos;

7 — Perspectivas de vida: antes da prisão e no momento atual

Segundo Costa (2013):

> a estrutura estabelecida em cada unidade prisional, assim como as peculiaridades da realidade social onde cada uma delas está inserida, contrubui para que encontremos diferentes formas de atuação do serviço social dada as particularidades da área sociojurídica a atuação do assistente social tem sua ótica voltada para o embasamento teórico do método profissional numa abordagem individual. (Costa, 2013, p. 127)

Cabe salientar que o estudo social só terá resultado eficaz se houver assistentes sociais em número suficiente para realizar um processo de trabalho de qualidade. Destaca-se que as especificidades de cada região brasileira devem ser consideradas na construção do exame.

Ressalta-se ainda que, embora possa parecer óbvio, os aspectos acima não atendem a uma mera descrição cronológica da pessoa presa, mas sobretudo ao significado que ela atribui ao seu protagonismo, ou seja, a sua percepção sobre o ato delituoso.

Quanto aos psicólogos, a discussão sobre a natureza do exame criminológico e as implicações éticas, técnicas e políticas na sua execução para fins de PR e LC têm sido recorrentes nos últimos quatro Congressos Nacionais de Psicologia, que ocorrem a cada três anos, desde 2004. O debate traz à tona diferentes posicionamentos da categoria: os que defendem a extinção do exame em razão das críticas já mencionadas anteriormente e questionam o não cumprimento da Lei n. 10.792/2003 ainda em vigor; os que reconhecem no exame criminológico uma prática de perícia psicológica e, como tal, é uma das atribuições do psicólogo no campo jurídico reconhecida pelo CFP; e aqueles que, apesar de reconhecerem as condições espúrias em que é realizado o exame criminológico nas unidades prisionais da maioria dos estados, em especial no Rio de Janeiro (elevado número de exames para poucos profissionais em razão da superpopulação carcerária, desrespeito ao sigilo profissional, dentre outras), consideram essa prática um momento importante de contato com o pessoa presa para oportunizar outros processos de trabalho que venham contribuir para ressignificar sua vida dentro e fora da prisão. Ainda há muitos que acreditam que, enquanto as prisões existirem, esse instrumento (exame criminológico) ou outro similar será a forma de o

Judiciário demandar respostas de profissionais que atuam junto às pessoas presas.

Após vários debates com a categoria em Congressos, seminários e fóruns sobre a prática do psicólogo no sistema prisional e os embates com o judiciário,[35] o CFP emitiu em 2011 a Resolução CFP n. 012/2011, que "Regulamenta a atuação da(o) psicóloga(o) no âmbito do sistema prisional", estabelece critérios para construção de documentos escritos que subsidiam decisão judicial tanto na execução das penas, quanto nas medidas de segurança. Diz o texto:

> Artigo 4 — Em relação à elaboração de documentos escritos para subsidiar a decisão judicial na execução das penas e das medidas de segurança:
>
> a) A produção de documentos escritos com a finalidade exposta no caput deste artigo não poderá ser realizada pela(o) psicóloga(o) que atua como profissional de referência para o acompanhamento da pessoa em cumprimento da pena ou medida de segurança, em quaisquer modalidades como atenção psicossocial, atenção à saúde integral, projetos de reintegração social, entre outros.
>
> b) A partir da decisão judicial fundamentada que determina a elaboração do exame criminológico ou outros documentos escritos com a finalidade de instruir processo de execução penal, excetuadas as situações previstas na alínea 'a', caberá à(ao) psicóloga(o) somente realizar a perícia psicológica, a partir dos quesitos elaborados pelo demandante e dentro dos parâmetros técnico-científicos e éticos da profissão.
>
> § 1º Na perícia psicológica realizada no contexto da execução penal ficam vedadas a elaboração de prognóstico criminológico de reincidência, a

35. Após a emissão da Resolução CFP n. 09/2010, que vedava a participação dos psicólogos no exame criminológico sob pena de responderem por infração ética, os psicólogos foram ameaçados de prisão pelo judiciário em vários estados, caso não realizassem o exame, assim como o CFP foi ameaçado de sofrer uma Ação Civil Pública, caso mantivessem a Resolução CFP n. 09/2010.

aferição de periculosidade e o estabelecimento de nexo causal a partir do binômio delito-delinquente.

§ 2° Cabe à(ao) psicóloga(o) que atuará como perita(o) respeitar o direito ao contraditório da pessoa em cumprimento de pena ou medida de segurança (artigo 4°, da Resolução n. 012/2011).

Além da Resolução acima, o CFP publicou, em 2012, o documento "Referências técnicas para a atuação das(os) psicólogas(os) no sistema prisional",[36] no qual os psicólogos poderão encontrar as referências para uma prática "construída com base nos princípios éticos e políticos norteadores do trabalho das(os) psicólogas(os) possibilitando a elaboração de parâmetros compartilhados e legitimados pela participação crítica e reflexiva da categoria" (CFP, 2012, p. 13).

Esses debates provocados pelos Conselhos Profissionais de Serviço Social e Psicologia produziram controvérsias, consensos, divergências e enriqueceram as reflexões de cada profissional acerca de sua prática, pois a repetição à exaustão de uma atividade, como a do exame criminológico, pode torná-la naturalizada e sem propósito.

5. Considerações finais

A revisão do presente texto pelas autoras ocorre, exatamente, uma década de sua primeira edição.

---

36. Disponível em: <http://site.cfp.org.br/wp-content/uploads/2012/11/AF_Sistema_Prisional-11.pdf>. Acesso em: 28 fev. 2014.

A revisão buscou situar o leitor quanto ao movimento que se instalou com mais veemência, tanto por parte das instituições que representam as categorias profissionais envolvidas no exame criminológico, quanto a produção de novas legislações complementares, oriundas de instâncias superiores do judiciário. Ressalte-se que o movimento das entidades representativas dos psicólogos caminha nesta discussão acerca do exame criminológico e das Comissões Técnicas de Classificação há, pelo menos, nove anos. Por parte de médicos psiquiatras, o silêncio em relação a esta atribuição do exercício profissional — pareceres para compor o exame criminológico — parece ecoar, talvez, com exceção de um ou outro sistema prisional da federação. Quanto aos assistentes sociais, tal atribuição tem sido discutida nos diferentes níveis de representação da categoria, mas, talvez, possamos dizer, sem posições ainda tão demarcadas, como ocorreu com os psicólogos. Ainda há uma caminhada, recomendada pelo 42º Encontro CFESS/CRESS. Portanto, são dinâmicas distintas de inserção profissional, de acúmulo de discussão teórica/política/ideológica acerca do exame criminológico, certamente marcadas pela história de cada profissão na sua contextualização histórica nas prisões. Certo é lembrar que o parecer social que compõe o exame criminológico, junto com o psicólogo e o psiquiatra, constitui-se num instrumento da ação profissional, que repousa sobre a utilização de outros instrumentos, tal como a entrevista, a consulta das anotações oficiais acerca do desenrolar da vida da pessoa que foi presa ou outras fontes à escolha profissional. Com isto, verifica-se que esta atribuição profissional não pode se constituir no cerne da "grande questão", uma vez que se estaria resumindo de forma simplista a discussão de um instrumento, o que, do ponto de vista teórico-metodológico e ético-político, seria uma discussão capenga, entregue apenas a interrogações tais como: como fazer, como redigir, onde buscar as informações... Aliás, ao longo de toda a história da profissão do Serviço Social, por exemplo, a prática cotidiana do assistente social sempre correu o risco de cair na vala do simplismo, da redução a um ativismo diário pautado pelo uso de instrumentos com um fim em si mesmo. É ilustrativo, neste sentido, as demandas administrativas dos gestores aos profissionais no sentido de fabricar mensalmente estatísticas acerca de suas produções: qual a medida usual para avaliar a produtividade? Uma lista de instrumentos (quantas entrevistas feitas, quantas reuniões, visitas domiciliares/institucionais, quantos pareceres)! Tais relatórios estatísticos seriam, por si só, o "retrato" para os gestores avaliarem o quê? Certamente, pouco se conhece das ações de psicólogos e assistentes sociais com base, apenas, na aplicação dos instrumentos, não? Portanto, no texto que ora encerramos, muitas questões são levantadas e que, contextualizadas, dão consistência ou indicam a falta de consistência à discussão acerca do exame criminológico, que não repousa apenas sobre o lastro de instrumentos que antes nomeamos para chegar à responsabilidade decisória de juízes e promotores.

E sobre esta responsabilidade e autoridade dos integrantes do judiciário é preciso uma atenção muito especial! A lei assinala que os profissionais que "examinam" as condições do sujeito preso para o futuro exercício de liberdade ou semiliberdade (liberdade aí entendida como viver extramuros) devem se pronunciar quanto à presunção do preso de vir ou não a reincidir. Repetindo Rauter (1989, p. 11), um "exercício de futurologia" realizado pelos profissionais. Contudo, antes desta possibilidade, é preciso pensar que existem princípios de convivência social acordados tácita ou legalmente quanto à íntima relação entre o exercício da autoridade e a respectiva responsabilidade e vice-versa. Neste sentido, a autoridade e responsabilidade pela decisão de conceder os benefícios de progressão de regime ou de livramento condicional são da esfera do judiciário. Ser favorável ou não à concessão do benefício não diz respeito à esfera de responsabilidade e autoridade dos profissionais que integram, com seus pareceres, o exame criminológico. Não raro, contudo, observam-se profissionais concluírem sua escritura de parecer com frases típicas: "face às condições atuais, somos favoráveis (ou desfavoráveis) à concessão do benefício pleiteado". Este conteúdo conclusivo não lhes diz respeito em termos de autoridade e responsabilidade profissional: se assim o fizerem estarão invadindo literalmente o espaço de autoridade/responsabilidade de juízes e promotores da Execução Penal. Portanto, não se trata de uma rebeldia em relação ao que está posto na lei, mas trata-se, sobretudo, de não se permitir ultrapassar o que lhes é devido como profissionais, ou seja, não serem usados para veredictos que não lhes pertencem no âmbito ético/político em questão. É ilustrativa uma frase de um discurso de um corregedor num evento festivo — 15 de maio — diante de uma plateia de assistentes sociais no auditório do Tribunal de Justiça: "O trabalho do assistente social neste campo é tão importante e valioso, pois vocês,"senhoras", são os olhos e ouvidos do Juiz"!

Outra questão a ser considerada, principalmente na história da profissão do serviço social no Brasil, é a inserção do assistente social em atribuições institucionais que se reportam à elegibilidade da população usuária, ou seja, quem, entre os usuários, obedece a critérios *x* ou *y* pré-estabelecidos para ter acesso a direitos ou benefícios, ou seja, sempre coube ao assistente social escolher, fazer triagem, ante as condições sociais de usuários, os "merecedores", os "aquinhoados" por bens e serviços relacionados aos programas institucionais. Esta pode ter sido uma atribuição institucional incômoda, avessa, eticamente, para grande parte dos assistentes sociais, mas nem sempre para o conjunto dos profissionais, pois sempre houve uma justificativa ideológica para minimizar tão nefasta responsabilidade e autoridade. Órteses, próteses, latas de leite em pó, uniformes escolares, cobertores, vagas para cursos ou alojamentos universitários — enfim, necessidades humanas e recursos escassos sempre foram motivação para que instituições colocassem nos ombros e, quem sabe, "nos olhos e ouvidos" do profissional a seleção dos "mais pobres", dos mais necessitados, entre muitos. Como dissemos, justificativas ideológicas, por vezes vergonhosas, recheadas de juízo moral, moveram, por anos (ou ainda movem?), em linguagem técnica, a elegibilidade.

Quando voltamos os olhos para o campo da execução penal, podemos pensar que continuamos a ser demandados a realizar a elegibilidade, não mais de necessidades básicas, como as que mencionamos, mas de eleger moralmente os "merecedores" de benefícios como a progressão de regime, que traz consigo o acesso às saídas temporárias para trabalho/estudo/visitas familiares e o livramento condicional. As desigualdades sempre pautaram as ações profissionais, inscritas nas leis e suas correspondentes políticas públicas. O exame criminológico, portanto, faz parte deste rol necessário de "elegíveis" e não "elegíveis" de viver extramuros. Mas com uma grande diferença: ele, o preso, não é só apreciado como elegível por ser uma necessidade humana, mas, sobretudo, se ele é elegível para conviver com os demais cidadãos e se não representa perigo.

Todas estas questões, contudo, não devem ser tratadas apenas como um óbice jurídico, ético ou político, ou teórico-metodológico, não só porque integram uma totalidade com raízes nas formas como a punição foi sendo construída em tempos anteriores ao capitalismo e como ela serviu e se adequou às necessidades do capital. Rusche e Kirchheimer (2004), dois teóricos da Escola de Frankfurt (1939), nos oferecem um frutífero e fecundo estudo da relação da punição com a estrutura social das sociedades, centrando o foco no desenvolvimento da punição como um rico instrumento político-econômico das relações de classe nos diferentes regimes econômicos da sociedade.

Tais autores se ocupam de situar historicamente os ganhos econômicos e sociais da punição de sujeitos, ora úteis ao mercado (trabalhos forçados, *workhouses*), ora deportando indivíduos para além-mar onde deveriam também produzir, em outros momentos, como exército de reserva. Modernamente, a punição adquiriu formas diferenciadas — isolar sujeitos indesejáveis do convívio social, criando a partir de então místicas justificadoras da segregação, sendo a ressocialização uma delas: tornar criminosos indesejáveis e fraudadores das leis, por meio do trabalho e da escolarização, em sujeitos melhores, receptivos às regras de convivência.

A segregação tem se revestido, tal como apontado pelas autoras, de uma cruel provação, um desafio aos limites que a vida humana pode suportar, sublevando os aspectos mais elementares dos acordos legais internacionais no que tange aos direitos humanos. Para os que defendem essa vida cruel desprovida de acesso ao sol, à aeração, à iluminação, ao respeito ao ser nomeado (é banal chamar o preso de vagabundo, verme, elemento e outros tantos depreciativos Brasil afora), todas as leis defendem o bandido e penalizam a vítima e sua família. Outros discursos, de natureza diversa, também ecoam, por vezes, como denúncia das vis condições intramuros. De toda sorte são discursos que imitam um grande pêndulo que só pode estar de um único lado por vez.

É expressão verbal preciosa aquela usada por leigos e também por profissionais da execução penal: "quando o preso voltar à sociedade"... Algum dia alguém foi cumprir pena privativa na estratosfera? Essa é, portanto, a mais tosca e rudimentar expressão do ideário de segregação e discriminação correntes, do ponto de vista da moralidade. Como já dito no texto, o aprisionamento é um instrumento altamente rentável às diferentes sociedades. Cada vez aprisiona-se mais por mais tempo e produz-se mais mercado para a indústria da construção civil, para a indústria de segurança pública, para fornecedores de alimentação e outros bens. Ao lado do fomento material de produção de bens, raciona-se o espaço físico de vida, assim como exacerbam-se os instrumentos de controle e submissão. Cultiva-se um ser submisso, "obediente às avessas", fazendo florescer a alienação. Aliás, no âmbito das desigualdades sociais a produção social da criminalidade e a criminalização são provas sobejas da alienação e do ódio.

Para concluir esse artigo as autoras lembram Konder ([2003] 2009), em aula inaugural (PUC-Rio, em 28/03/2003), intitulada "A dialética e o marxismo".[37]

> A dialética, como modo de pensar, suporta mal qualquer tentativa de defini-la. Algumas de suas características mais importantes, contudo, podem ser determinadas aproximativamente. Podemos constatar, por exemplo, que ela depende, essencialmente, da capacidade do sujeito de apreender o *novo e a contradição*. Ou, em outras palavras: depende do reconhecimento pelo sujeito da "formação ininterrupta da novidade qualitativa" (Lukács, p. 260) e da sua capacidade de se orientar no quadro das contradições com que se defronta e que, inevitavelmente, o envolvem. Como o novo está sempre surgindo e as contradições estão constantemente ultrapassando os limites de sua compreensão, o sujeito na dialética não pode deixar de ter no *infinito* uma referência fundamental: a infinitude é a categoria que lhe permite entender o real como efetivamente inesgotável, irredutível ao saber (Konder, [2003] 2009, p. 3).

Tentou-se, na atualização deste artigo, trazer à tona a complexidade do tema, não só pelo que representa na sua concepção, mas também pelos diferentes entendimentos que perpassam os profissionais que realizam o exame criminológico. Portanto, a discussão deste texto abre para novas formas de enxergar o que se tem muitas vezes identificado como limitações, postas à reflexão como possibilidades para uma transformação pessoal e a transformação do mundo, da vida, daquele "recorte" feito por nós nesta totalidade e historicidade construída pelos homens. Nem sempre se está atento para pensar e lidar com as contradições que estão no bojo da adversidade das práticas cotidianas na prisão.

---

37. Disponível em: <http://laurocampos.org.br/2009/09/a-dialetica-e-o-marxismo/>.

Bibliografia

BANDEIRA, M. Márcia Badaró. *Sistema prisional — contando e recontando histórias:* as oficinas de leitura como processos inventivos de intervenção. Curitiba: Juruá, 2012. 160 p.

BANDEIRA, M. Márcia Badaró; ALMEIDA, O.; SANTOS, V. *A inserção e trajetória dos psicólogos do sistema prisional do Rio de Janeiro*: um resgate histórico, 2009. Disponível na Coordenação de Psicologia da Secretaria de Estado de Administração Penitenciária do Rio de Janeiro (Praça Cristiano Ottoni, s/n., 5° andar, sala 504, edifício Dom Pedro II, Central do Brasil, RJ).

BANDEIRA, M. Márcia Badaró; CAMURI, A. C.; NASCIMENTO, A. R. Exame criminológico: uma questão ética para a psicologia e para os psicólogos. *Revista Eletrônica Mnemosine*, v. 7, n. 1, p. 27-61, 2011. Disponível em: <http://www.mnemosine.cjb.net/mnemo/index.php/mnemo/article/viewFile/436/719>.

BARATTA, Alessandro. Marginalidade social e justiça. *Revista de Direito Penal*, Rio de Janeiro, v. 6, 2, abr./maio/jun. 1993.

CALDEIRA, T. P. Direitos Humanos ou "privilégios de bandidos"? Desventuras da democratização brasileira. *Novos Estudos*, n. 30, p. 1620, jul. 1991. Disponível em: <http://novosestudos.uol.com.br/v1/files/uploads/contents/64/20080624_direitos_humanos_ou_privilegios_de_bandidos.pdf>.

CHAUVENET, Antoinette et al. *Le monde de surveillants de prison*. Paris: Presses Universitaires de France. 1994.

CONSELHO FEDERAL DE PSICOLOGIA. *Referências técnicas para atuação das(os) psicólogas(os) no sistema prisional*. Brasília: CFP, 2012.

COSTA, Newvone F. A prática do assistente social: dimensões sobre a questão social, instrumentalidade e a intervenção profissional no campo sociojurídico. In: SOARES, M.; COSTA, N. (Org). *O Serviço Social na teoria e prática:* os desafios contemporâneos. Rio de Janeiro. Unisuam Publicações, 2013. p. 125-32.

COSTA, Newvone F. Privatização das prisões. *Web Artigos*. Disponível em: <http://www.webartigos.com/artigos/privatização-das-prisões/116998/>.

DIETER, Mauricio S. *Política criminal atuarial*: a criminologia do fim da história. Rio de Janeiro: Revan, 2013.

DORNELLES, J. R. *O que é crime*. Brasiliense, 1988. 82 p.

FOUCAULT, Michel. *A verdade e as formas jurídicas*. 3. ed. Rio de Janeiro: NAU, 2002. 158 p.

______. *Vigiar e punir*: história da violência nas prisões. 24. ed. Petrópolis: Vozes, 2001a. 262 p.

______. *Microfísica do poder*. Rio de Janeiro: Graal, 2001b.

GOFFMAN, Erving. *Manicômios, prisões e conventos*. São Paulo: Perspectiva [1972, 1996, 2005].

KONDER, Leandro. *A dialética e o marxismo:* aula magna proferida na PUC-Rio em 28 mar. 2003. Disponível em: <http://laurocampos.org.br/2009/09/a-dialetica-e-o-marxismo/>. Acesso em: 23 jan. 2014.

KRUGMAN, Paul. Prisões, privatização e padrinhos. *Folha de S.Paulo,* 23 jun. 2012. Disponível em: <http://www1.folha.uol.com.br/colunas/paul krugman/1109013-prisoes-privatizacao-e-padrinhos.shtml>. Acesso em: 23 jan. 2014.

LEMGRUBER, Julita. Controle e criminalidade: mitos e fatos. *Think Tank.* Instituto Liberal do Rio de Janeiro. São Paulo, 2001.

______. *Cemitério dos vivos* — análise sociológica de uma prisão de mulheres. 2. ed. Rio de Janeiro: Forense, 1999.

LIMA, Everardo da Cunha. *Capítulos de Direito Penal.* São Paulo: Saraiva, 1985. p. 354.

LIMA, Willian da Silva. *Quatrocentos contra um.* Labortexto Editorial, 1999.

O'DONNELL, Guilhermo et al. *Democracia, violência e injustiça*: o não Estado de Direito na América Latina. São Paulo: Paz e Terra, 1991.

RAMALHO, J. Ricardo. *O mundo do crime:* a ordem ao avesso. Rio de Janeiro: Graal, 1987.

RAUTER, Cristina M. Diagnóstico psicológico do criminoso: tecnologia do preconceito. *Revista do Departamento de Psicologia da UFF*, ano 1, n. 1, p. 9-22, 1989.

RIBEIRO, Nádia D. *A correspondência amorosa na prisão*. Dissertação de Mestrado. PUC-RJ, Rio de Janeiro, 1996.

RUSCHE, Georg; KIRCHHEIMER, Otto. *Punição e estrutura social*. Rio de Janeiro: Renan, 2004.

SOARES, Luis Eduardo. *Meu casaco de general* — quinhentos dias no front da Segurança Pública do Rio de Janeiro: Companhia das Letras, 2000.

THOMPSON, Augusto. *Questão penitenciária*. Rio de Janeiro: Forense, 1993.

TORNAQHI, Hélio. *Instituições de Processo Penal*. 2. ed. São Paulo: Saraiva, 1977. p. 63.

VARELA, Dráuzio. *Estação Carandiru*. 7. reimpr. São Paulo: Companhia das Letras, 2000.

WACQUANT, Loïc. *As prisões da miséria*. Rio de Janeiro: Jorge Zahar, 2001a.

______. *Os condenados da cidade*. Rio de Janeiro: Revan/IPPUR/UFRJ/FASE, 2001b.

______. *Punir os pobres* — a nova gestão da miséria nos Estados Unidos. Rio de Janeiro: Freitas Bastos, 2001c.

Legislação consultada

BRASIL. Decreto-lei n. 2.848, de 7 de setembro de 1940. *Código Penal*. 5. ed. São Paulo: Saraiva, 1999.

______. Exposição de Motivos n. 213, de 9 de maio de 1983. Exposição de Motivos da Lei de Execução Penal. *Diário do Congresso*, Brasília, 29 maio 1984, seção II.

______. Lei n. 7.210, de 11 de julho de 1984. Institui a Lei de Execução Penal.

CÓDIGO DE ÉTICA DO SERVIÇO SOCIAL [1993]. *Coletânia de Leis e Resoluções.* Rio de Janeiro: CRESS/7ª Região, 2000.

CONSELHO FEDERAL DE PSICOLOGIA. Código de Ética do Psicólogo (Resolução CFP n. 010/05), 2005.

______. Resolução CFP n. 007/2003.

______. Resolução CFP n. 012/2011.

REGULAMENTO DO SISTEMA PENITENCIÁRIO DO RIO DE JANEIRO (RPERJ), 1984.

REGRAS MÍNIMAS PARA O TRATAMENTO DE RECLUSOS — ONU, 1955.

Anexos

RESOLUÇÃO CFESS Nº 557/2009

de 15 de setembro de 2009

Ementa: Dispõe sobre a emissão de pareceres, laudos, opiniões técnicas conjuntos entre o assistente social e outros profissionais.

A Presidente do Conselho Federal de Serviço Social, no uso de suas atribuições legais e regimentais;

Considerando que o profissional assistente social vem trabalhando em equipe multiprofissional, onde desenvolve sua atuação, conjuntamente com outros profissionais, buscando compreender o indivíduo na sua dimensão de totalidade e, assim, contribuindo para o enfrentamento das diferentes expressões da questão social, abrangendo os direitos humanos em sua integralidade, não só a partir da ótica meramente orgânica, mas a partir de todas as necessidades que estão relacionadas à sua qualidade de vida;

Considerando a crescente inserção do assistente social em espaços sócio-ocupacionais que exige a atuação com profissionais de outras áreas, requerendo uma intervenção multidisciplinar com competência técnica, teórico-metodológica e ético-política;

Considerando que as leis que preveem a atuação multidisciplinar não especificam os limites de cada área profissional no desenvolvimento e na elaboração dos trabalhos técnicos conjuntos, cabendo, no caso das profissões regulamentadas, serem disciplinados por seus Conselhos Profissionais respectivos;

Considerando ser inadmissível, juridicamente, que em uma mesma manifestação técnica, tenha consignado o entendimento conjunto de duas áreas profissionais regulamentadas, sem que se delimite o objeto de cada uma, tendo em vista, inclusive, as atribuições privativas de cada profissão;

Considerando que o assistente social é o profissional graduado em Serviço Social, com a habilitação para o exercício da profissão mediante inscrição junto ao Conselho Regional de Serviço Social, tendo suas competências e atribuições privativas previstas na Lei 8.662/93, sendo vedado que outro profissional subscreva seu entendimento técnico em matéria de Serviço Social, mesmo considerando a atuação destes em equipe multiprofissional;

Considerando, a necessidade de regulamentar a matéria em âmbito nacional, para orientar a prática profissional do assistente social, na sua atuação em equipes multiprofissionais;

Considerando as normas previstas no Código de Ética do Assistente Social, regulamentado pela Resolução CFESS n. 273/93 de 13 de março de 1993;

Considerando que é função privativa do assistente social a realização de vistorias, perícias técnicas, laudos periciais, informações, pareceres, ou seja, qualquer manifestação técnica, sobre matéria de Serviço Social, em conformidade com o inciso IV do artigo 5º da Lei 8.662 de 07 de junho de 1993;

Considerando ser de competência exclusiva do CFESS a regulamentação da presente matéria, conforme previsão do "caput" e de seu inciso I do artigo 8º da Lei 8.662/93;

Considerando a aprovação da presente Resolução pelo Conselho Pleno do CFESS, em reunião realizada em 09 de setembro de 2009.

Resolve:

Art. 1º A elaboração, emissão e/ou subscrição de opinião técnica sobre matéria de SERVIÇO SOCIAL por meio de pareceres, laudos, perícias e manifestações é atribuição privativa do assistente social, devidamente inscrito no Conselho Regional de Serviço Social de sua área de atuação, nos termos do parágrafo único do artigo 1º da Lei 8.662/93 e pressupõem a devida e necessária competência técnica, teórico-metodológica, autonomia e compromisso ético.

Art 2º O assistente social, ao emitir laudos, pareceres, perícias e qualquer manifestação técnica sobre matéria de Serviço Social, deve atuar com ampla autonomia respeitadas as normas legais, técnicas e éticas de sua profissão, não sendo obrigado a prestar serviços incompatíveis com suas competências e atribuições previstas pela Lei 8.662/93.

Art. 3º O assistente social deve, sempre que possível, integrar equipes multiprofissionais, bem como incentivar e estimular o trabalho interdisciplinar.

Parágrafo único — Ao atuar em equipes multiprofissionais, o assistente social deverá respeitar as normas e limites legais, técnicos e normativos das outras profissões, em conformidade com o que estabelece o Código de Ética do Assistente Social, regulamentado pela Resolução CFESS n. 273, de 13 de março de 1993.

Art. 4º Ao atuar em equipes multiprofissionais, o assistente social deverá garantir a especificidade de sua área de atuação.

Parágrafo primeiro — O entendimento ou opinião técnica do assistente social sobre o objeto da intervenção conjunta com outra categoria profissional e/ou equipe multiprofissional, deve destacar a sua área de conhecimento separadamente, delimitar o âmbito de sua atuação, seu objeto, instrumentos utilizados, análise social e outros componentes que devem estar contemplados na opinião técnica.

Parágrafo segundo — O assistente social deverá emitir sua opinião técnica somente sobre o que é de sua área de atuação e de sua atribuição legal, para qual está habilitado e autorizado a exercer, assinando e identificando seu número de inscrição no Conselho Regional de Serviço Social.

Parágrafo terceiro — No atendimento multiprofissional a avaliação e discussão da situação poderá ser multiprofissional, respeitando a conclusão manifestada por escrito pelo assistente social, que tem seu âmbito de intervenção nas suas atribuições privativas.

Art. 5º. O não cumprimento dos termos da presente Resolução implicará, conforme o caso, na apuração das responsabilidades éticas do assistente social por violação do Código de Ética do Assistente Social.

Art. 6º O CFESS e os CRESS deverão se incumbir de dar plena e total publicidade a presente norma, por todos os meios disponíveis, de forma que ela seja conhecida pelos assistentes sociais, bem como pelas instituições, órgãos ou entidades que mantêm em seus quadros profissionais de Serviço Social.

Art. 7º Os casos omissos serão resolvidos pelo Conselho Pleno do CFESS.

Art. 8º Esta Resolução entra em vigor na data de sua publicação, revogando integralmente as disposições em contrário.

Ivanete Salete Boschetti
Presidente do CFESS

RESOLUÇÃO CFESS Nº 559

de 16 de setembro de 2009

EMENTA: Dispõe sobre a atuação do assistente social, inclusive na qualidade de perito judicial ou assistente técnico, quando convocado a prestar depoimento como testemunha, pela autoridade competente.

A Presidente do Conselho Federal de Serviço Social, no uso de suas atribuições legais e regimentais;

Considerando a importância e a inquestionável relevância do trabalho que vem sendo desenvolvido pelos assistentes sociais, no âmbito do Poder Judiciário;

Considerando as alterações no Código de Processo Civil introduzidas pela Lei 8.455/1992, que veio a recolocar e melhor situar a função do assistente técnico, em relação às perícias judiciais;

Considerando que o assistente técnico, por ser um profissional que pode ser indicado pelas partes e consequentemente, da confiança destas, não está mais sujeito a prestar o compromisso ou ser inquinado de suspeição ou impedimento;

Considerando a alteração introduzida pela Lei 8.455/92, passando a traduzir a concepção correta em relação ao assistente técnico, na medida em que este não deve e não pode se sujeitar às mesmas imposições previstas ao perito, em razão da forma de inserção deste no processo, que implica em um vínculo, ainda que contratual, com a parte que venha a indicá-lo;

Considerando a atuação técnica de tais profissionais, quando pautada em postura profissional competente, diligente, responsável e ética, comprometida com valores democráticos, de justiça, de equidade e liberdade, não raras vezes, tem sido de absoluta valia para as decisões judiciais prolatadas por nossos juízos de 1ª. Instância e Tribunais;

Considerando que o perito funciona como auxiliar do juízo, devendo cumprir seu ofício no prazo estabelecido, empregando seus conhecimentos técnicos e toda sua diligência, para subsidiar a decisão sobre a matéria em questão;

Considerando o artigo 433 do Código de Processo Civil/CPC, que prevê que somente os peritos apresentam o laudo perante o cartório competente, sendo que os assistentes técnicos apresentam seus pareceres no prazo comum de dez dias, após intimadas as partes da apresentação do laudo;

Considerando que a prova pericial e a prova testemunhal não se confundem, possuindo, cada uma delas, seus pressupostos jurídicos próprios, bem como finalidade específica;

Considerando que a testemunha só depõe sobre fatos e, nesta medida, qualquer avaliação técnica não pode ser feita através da oitiva de testemunha e sim através de prova pericial, que deve ser requerida e determinada pelo Juízo competente;

Considerando que o Conselho Federal de Serviço Social, usando das atribuições que lhe confere o artigo 8º. da Lei 8.662/93 e a partir dos pressupostos dos artigos 4º. e 5º é o órgão competente para expedir norma para regulamentar o exercício profissional do assistente social;

Considerando que o profissional assistente social, devidamente inscrito no Conselho Regional de Serviço Social de sua área de atuação, está devidamente habilitado para exercer as atividades que lhes são privativas e as de sua competência, nos termos previstos pela Lei 8.662/93, em qualquer campo, ou em qualquer área;

Considerando que a presente Resolução traduz os pressupostos do direito administrativo, que dizem respeito aos interesses públicos e coletivos, tendo como objetivo tutelar os interesses da sociedade, constituída por sujeitos de direito;

Considerando que a presente norma está em conformidade com as normas e princípios do Direito Administrativo e com o interesse público, que exige que os serviços prestados pelo assistente social, ao usuário sejam efetivados com absoluta qualidade e competência ética e técnica e nos limites de sua atribuição profissional;

Considerando a aprovação da presente Resolução pelo Conselho Pleno do CFESS, reunido em Campo Grande/MS, em 05 e 06 de setembro de 2009;

RESOLVE:

Art. 1º O assistente social, na qualidade de perito judicial ou assistente técnico, sempre que for convocado a comparecer a audiência, por determinação ou solicitação do Juiz, Curador, Promotor de Justiça ou das partes se restringirá a prestar esclarecimentos, formular sua avaliação, emitir suas conclusões sempre de **natureza técnica**, sendo vedado, nestas circunstâncias, prestar informações sobre fatos, principalmente em relação aqueles presenciados ou que tomou conhecimento em decorrência de seu exercício profissional.

Art. 2º O objeto da perícia deverá ser o mesmo para perito e assistente técnico, que deverão possuir a mesma habilitação profissional, na hipótese de se manifestarem sobre matéria de Serviço Social, atribuição privativa do profissional habilitado nos termos das disposições do artigo 5º. da Lei 8.662/93.

Art. 3º Quando a perícia consistir apenas na inquirição, pelo juiz, do perito e do assistente técnico, por ocasião da audiência de instrução e julgamento, o assistente social deverá se restringir a emitir sua opinião técnica a respeito do que houver avaliado.

Art. 4º O assistente técnico mesmo sendo contratado por uma das partes, mesmo não estando sujeito a prestar compromisso ou a ser inquinado de suspeição e impedimento e funcionando como assessor da parte que o indicou, está obrigado a cumprir todas as normas do Código de Ética do Assistente Social, emitindo seu parecer de forma fundamentada, sendo vedado fazer declarações falaciosas ou infundadas.

Art. 5° Quando intimado perante a autoridade competente a prestar depoimento como testemunha, qualquer profissional assistente social deverá comparecer e declarar que está obrigado a guardar sigilo profissional, sendo VEDADO depor na condição de testemunha.

Art. 6° O CFESS e os CRESS deverão se incumbir de dar plena e total publicidade a presente norma, por todos os meios disponíveis, de forma que ela seja conhecida pelos assistentes sociais bem como pelas instituições, Poder Judiciário, órgãos ou entidades que prestam serviços sociais.

Art. 7° A publicação da presente Resolução surtirá os efeitos legais da Notificação, prevista pela alínea "b" do artigo 22 do Código de Ética do Assistente Social.

Art. 8° O não cumprimento dos termos da presente Resolução implicará, conforme o caso, na apuração das responsabilidades disciplinares e/ou éticas do assistente social por violação ao Código de Ética do Assistente Social.

Art. 9° Os casos omissos serão resolvidos pelo Conselho Pleno do CFESS.

Art. 10° Esta Resolução entra em vigor na data de sua publicação, revogando integralmente as disposições em contrário.

Ivanete Salete Boschetti
Presidente do CFESS

GRÁFICA PAYM
Tel. [11] 4392-3344
paym@graficapaym.com.br